AF203839

Leinpfad an der Lahn hinter Weilburg (Etappe 2)

Alte Lahnbrücke in Limburg (Etappe 3)

Band 445

OutdoorHandbuch

Wolfgang Scholz

Lahn-Camino
und Rhein-Camino

Lahn-Camino und Rhein-Camino

Alle Informationen, schriftlich und zeichnerisch, wurden nach bestem Wissen zusammengestellt und überprüft. Sie waren korrekt zum Zeitpunkt der Recherche. Eine Garantie für den Inhalt, z. B. die immerwährende Richtigkeit von Preisen, Adressen, Telefon- und Faxnummern sowie Internetadressen, Zeit- und sonstigen Angaben, kann naturgemäß von Verlag und Autor - auch im Sinne der Produkthaftung - nicht übernommen werden.

Der Autor und der Verlag sind für Lesertipps und Verbesserungen (besonders per E-Mail) unter Angabe der Auflagen- und Seitennummer dankbar.

Dieses OutdoorHandbuch hat 160 Seiten mit 38 farbigen Abbildungen sowie 35 farbigen Kartenskizzen im Maßstab 1:75.000, 19 farbigen Höhenprofilen und einer farbigen, ausklappbaren Übersichtskarte. Es wurde auf chlorfrei gebleichtem, FSC®-zertifiziertem Papier gedruckt, in Deutschland klimaneutral hergestellt und transportiert und wegen der größeren Strapazierfähigkeit mit PUR-Kleber gebunden.

Dieses Buch ist im Buchhandel und in Outdoor-Läden erhältlich und kann im Internet oder direkt beim Verlag bestellt werden.

OutdoorHandbuch aus der Reihe „Der Weg ist das Ziel", Band 445

ISBN 978-3-86686-617-1   1. Auflage 2019

© BASISWISSEN FÜR DRAUSSEN, DER WEG IST DAS ZIEL und FERNWEHSCHMÖKER sind
urheberrechtlich geschützte Reihennamen für Bücher des Conrad Stein Verlags

Text und Fotos: Wolfgang Scholz
Karten: Heidie Schwinn
Lektorat: Anna-Lena Ebner
Layout: Alexandra Sauerland

Gesamtherstellung: gutenberg beuys feindruckerei

Dieses OutdoorHandbuch wurde konzipiert und redaktionell erstellt vom:

Conrad Stein Verlag GmbH, Kiefernstr. 6, 59514 Welver,
☎ 023 84/96 39 12, FAX 023 84/96 39 13,
✆ info@conrad-stein-verlag.de,
🖥 www.conrad-stein-verlag.de

Besuchen Sie uns bei Facebook & Instagram:

 www.facebook.com/outdoorverlag

 www.instagram.com/outdoorverlag

Titelfoto: Kloster Arnstein bei Obernhof (Etappe 4)

Inhalt

Der Lahn-Camino
und der Rhein-Camino

Als Jakobsweg (auch Jakobus- oder Sternenweg) werden verschiedene Pilgerwege zum Grab des Apostels Jakobus des Älteren nach Santiago de Compostela in Spanien bezeichnet. Im Mittelalter gehörte Santiago de Compostela neben Rom und Jerusalem zu den drei Hauptzielen der christlichen Pilgerfahrt. Aus ganz Europa strömten Menschen auf zahlreichen Pilgerwegen nach Galicien an das damalige Ende der Welt.

Der Lahn-Camino ist ein Abschnitt im Netz der Wege der Jakobspilger in Deutschland. Er führt von Wetzlar zumeist auf den Höhen des Lahntales bis zur Hospitalkapelle St. Jakobus in Oberlahnstein. Von dort kann man auf dem Rhein-Camino nach Kaub oder über Koblenz-Stolzenfels auf dem Mosel-Camino nach Trier bzw. auf dem Linksrheinischen Jakobsweg nach Bingen am Rhein weiter-pilgern. Pilger orientierten sich früher vornehmlich an Heeres- und Handels-straßen oder Flüssen. An diesen Straßen entstanden Kirchen, Klöster, Herbergen und Hospitäler. Ab dem Sammelpunkt Lahnstein konnten die Pilger Ziele wie Köln, Aachen oder Trier erreichen und hatten Anschluss an die Jakobswege durch Frankreich bis nach Santiago de Compostela. Davon zeugen noch heute einige sichtbare sowie nicht mehr sichtbare Vermächtnisse:

▷ In der Nähe von Weilburg entstand bei der Wallfahrtskirche Pfannstiel ein von den Johannitern geführtes Pilgerhospital.

▷ Villmarer Pilger auf dem Weg zu den Apostelgräbern in Santiago und Trier (St. Matthias) wurden 1491 anlässlich der Gründung einer Jakobus-, Mat-thias- und Sebastiansbruderschaft (im 17. Jh. aufgelöst) erwähnt.

▷ In der evangelischen Kirche St. Kastor in Dausenau wurde bei Ausgrabun-gen ein Fragment einer Jakobsmuschel gefunden.

▷ Vom ehemaligen Hospital in Oberlahnstein ist nur noch die Kapelle St. Jakobus erhalten geblieben, in der man bei Renovierungsarbeiten (1985-1989) auf das mittelalterliche Grab eines Jakobspilgers gestoßen ist.

Die Gesamtstreckenlänge des Lahn-Caminos beläuft sich auf rund 140 km, daran schließen sich noch einmal ca. 50 km des Rhein-Caminos bis nach Kaub an. Der Weg beginnt im hessischen Wetzlar und verläuft, mit der europaweit gültigen, stilisierten gelben Jakobsmuschel auf blauem Grund markiert, über

Weilburg, Villmar, Limburg, Diez, Obernhof, Nassau, Bad Ems und Lahnstein. Am Rhein folgen noch Braubach, der Wallfahrtsort Kamp-Bornhofen, St. Goarshausen und Kaub.

Ich hoffe, dass viele Menschen die reizvollen und sehr unterschiedlichen Kultur- und Naturlandschaften des teilweise sehr engen Lahntales mit den zahlreichen Sehenswürdigkeiten genießen werden, sei es nun auf einem Jakobsweg vor der eigenen Haustüre oder als Abschnitt auf dem Weg bis zum Grab des Apostels Jakobus in der Kathedrale von Santiago de Compostela.

Ich wünsche Ihnen einen erlebnisreichen Lahn- und Rhein-Camino in Gottes Schöpfung und gebe Ihnen den nachfolgenden Pilgersegen mit auf Ihren Weg:

Gott, Du hast Deinen Knecht Abraham auf allen Wegen unversehrt behütet.
Du hast die Söhne Israels auf trockenem Pfad mitten durch das Meer geführt.
Durch den Stern hast Du den Weisen aus dem Morgenland
den Weg zu Christus gezeigt.
Geleite auch die hier versammelten Gläubigen
auf ihrer Pilgerfahrt zum heiligen Jakobus.
Lass sie Deine Gegenwart erfahren, mehre ihren Glauben,
stärke ihre Hoffnung und erneuere ihre Liebe.
Schütze sie vor allen Gefahren und bewahre sie vor jedem Unfall.
Führe sie glücklich ans Ziel ihrer Fahrt und
lass sie wieder unversehrt nach Hause zurückkehren.
Gewähre ihnen schließlich, dass sie sicher das Ziel
ihrer irdischen Pilgerfahrt erreichen und das ewige Heil erlangen.
Darum bitten wir Dich durch Christus unseren Herrn – Amen.

Danke

Mein besonderer Dank für die Unterstützung bei der Einrichtung und Pflege des Lahn- und des Rhein-Caminos sowie der Erstellung dieses Pilgerwanderführers gilt:
▷   der Verbandsgemeindeverwaltung Bad Ems
▷   der Kreisverwaltung des Rhein-Lahn-Kreises in Bad Ems
▷   allen am Weg liegenden Gemeinden für ihre Hilfsbereitschaft bei diesem Projekt
▷   meinen Mitstreitern der Regionalgruppe Mittelrhein der St.-Jakobus-Gesellschaft Rheinland-Pfalz-Saarland e. V.

▷   Karl-Heinz Jung für seine wertvolle Arbeit für den Artenschutz
▷   allen Sponsoren und Spendern, die die Markierung und Ausgestaltung des
      Weges ermöglicht haben

Wichtige Vorbemerkungen/zum Gebrauch dieses OutdoorHandbuchs!

Damit Sie den Lahn-Camino und den Rhein-Camino uneingeschränkt genießen können und keine ungewollten Überraschungen erleben, empfehle ich
Ihnen, die nachfolgende Einleitung in die Jakobspilgerschaft sowie die Reise-
informationen aufmerksam zu lesen.

Bei Unfällen auf den beschriebenen Routen übernehmen weder der Verlag
noch der Autor oder sonst jemand Haftung in irgendeiner Form. Letztendlich sind
immer Sie selbst für die Wahl des Weges verantwortlich, da nur Sie die Grenzen
Ihrer physischen und mentalen Möglichkeiten kennen.

Markierungszeichen am Concordiaturm (Etappe 5)

Einleitung

Pilgergruppe hinter Laufdorf (Etappe 1)

Geschichte der Jakobspilgerschaft

Jakobus der Ältere war einer der Jünger Christi und Bruder von Johannes. In Spanien missionierte er mit wenig Erfolg, worauf er nach Palästina zurückkehrte und dort 43 n. Chr. durch Herodes Agrippa I. enthauptet wurde. Einer Legende nach wurde sein Leichnam in ein Boot gelegt, das an die Küste Spaniens getrieben wurde. Eine andere Version besagt, dass die Jünger von Jakobus, Athanasius und Theodorus, seinen Leichnam nach Spanien brachten und dort, wo sich heute Santiago de Compostela befindet, in einem Steingrab beisetzten. Eine weitere Legende überliefert, dass Kaiser Justinian die Reliquien dem Sinaikloster schenkte.

711 begannen die Mauren die christlichen Reiche der Westgoten in Spanien und Portugal zu erobern. Innerhalb von 8 Jahren brachten sie den größten Teil der Iberischen Halbinsel unter ihre Herrschaft und wurden erstmals 732 durch Karl Martell bei Tours und Poitiers geschlagen und somit in ihrem Expansionsdrang beschnitten. 778 unternahm Karl der Große – der Enkel von Karl Martell – einen Feldzug gegen die Mauren in Spanien. Seine Nachhut wurde aber nicht von den Mauren, sondern von den christlichen Basken bei Roncesvalles geschlagen, woraus die Rolandssage entstanden ist.

Die Gebeine des Jakobus wurden vor den anrückenden Mauren versteckt und gerieten in Vergessenheit. Zwischen 818 und 834 wurden die Gebeine vom Eremit Pelayo aufgrund einer Lichterscheinung gefunden. Der Bischof von Iria Flavia, Theodemir, erklärte das gefundene Grab als die Ruhestätte des hl. Jakobus. König Alfons II. ließ an dieser Stelle eine Kirche errichten, die bald Wallfahrtsort wurde. 997 wurde die Kirche unter Almansor, dem Heerführer des Kalifen von Córdoba, zerstört, das Grab des Jakobus blieb aber unversehrt.

Jakobus habe u. a. in der Schlacht von Clavijo die christlichen Heere bei der Rückeroberung Spaniens (Reconquista) unterstützt, weshalb er ihr Schutzheiliger wurde; es wurde ihm der Beiname Matamoros (der Maurenschlächter) gegeben.

Nachweisbar sind Pilger aus Frankreich und Deutschland seit 930, aber erst im 11. und 12. Jh. entwickelte sich ein über ganz Europa verbreiteter Pilgerstrom. Dieser brachte Geld nach Santiago de Compostela und um 1070 wurde mit dem Bau der Kathedrale begonnen. Ab dem 15. Jh. rief die Kirche heilige Jahre mit einem vollständigen Sündenablass aus und die Pilgerzahlen stiegen noch einmal erheblich an. Die gesellschaftlichen Veränderungen in Europa in den folgenden Jahrhunderten waren unter anderem Gründe dafür, dass die Pilgerfahrt beinahe in Vergessenheit geraten wäre. 1879 wurden die aus Furcht vor einem britischen Angriff versteckten Gebeine des Apostels dann wieder aufgefunden. Papst Leo XIII. bestätigte schließlich 1884 die Echtheit der Reliquien.

Spätestens nach dem Zweiten Weltkrieg waren die Menschen auf der Suche nach etwas Friedfertigem und entdeckten den Jakobsweg erneut. Zeitgleich entstanden in Spanien und Frankreich Jakobusvereinigungen. 1990 wurde der Jakobsweg als UNESCO-Weltkulturerbe anerkannt. Inzwischen pilgern jährlich zwischen 200.000 und 300.000 Menschen aus der ganzen Welt zum Grab des Apostels Jakobus.

Gründe für die Pilgerschaft

Es ist erstaunlich, welche Strapazen manche Pilger auf sich nehmen, und dies unabhängig vom Herkunftsland, sozialen Stand, Alter oder Geschlecht. Die Gründe für eine Pilgerschaft sind so vielfältig, wie die Menschen selbst. Die gemeinsame, verbindende Wurzel ist für viele der Glaube, das unerschütterliche Fundament; Schmerzen und Mühen treten in den Hintergrund. Die Suche nach der Nähe zu Gott, seinen wundervollen Werken wie Flora, Fauna und den Naturgewalten in Form von Sonne, Regen und Wind bilden für die meisten Pilger das spirituelle Fundament ihres Weges.

Andere pilgern, um sich selbst zu finden. Sie versuchen, mit dem Wenigen auszukommen, das sie auf ihrem Rücken tragen, und sich in einen Zustand der Entschleunigung zu versetzen, um der Schnelllebigkeit und dem Stress zu entfliehen.

Wiederum andere sehen die Pilgerschaft als eine sportliche Herausforderung oder als eine Möglichkeit zur Erweiterung ihres kulturellen Horizontes.

Für alle gilt jedoch: Der Weg ist das Ziel und jeder bekommt auf dem Jakobsweg Antworten auf Fragen, die nie gestellt wurden.

Die Jakobsmuschel

Der Begriff Jakobsmuschel geht unmittelbar auf den heiligen Jakobus zurück. Der Legende nach ritt ein junger Adliger dem Schiff mit dem Leichnam des Jakobus entgegen. Sein Pferd habe gescheut und er sei im Meer versunken. Auf wundersame Weise habe Jakobus den Unglücklichen gerettet. Dessen Körper sei aber mit Muscheln bedeckt gewesen, die fortan das Symbol der Jakobspilger wurden.

Die christlichen Pilger des Mittelalters benutzten die Jakobsmuschel zum Wasserschöpfen. In Europa wird die Jakobsmuschel wie ein Pfeil dargestellt und weist heutzutage den Pilgern den Weg nach Westen. Die Jakobsmuschel ist zugleich Erkennungs- und Schutzzeichen der Jakobspilger. Bis zur Einführung der Pilgerurkunde (der Compostela) im 13. Jh. war sie auch Nachweis der Jakobspilgerschaft.

Der Pilgerausweis (Credencial de peregrino)

Der Pilgerausweis ist das wichtigste Dokument auf den Jakobswegen, da Sie zum Beispiel in Spanien und teilweise auch in Frankreich nur bei Vorlage eines solchen Dokumentes in Pilgerherbergen aufgenommen werden.

In Deutschland ist der Pilgerausweis keine Pflicht, jedoch gewähren Ihnen Hotels und Pensionen gegen Vorlage gegebenenfalls vergünstigte Unterkunftsprei- se. Zudem ist er eine schöne persönliche Erinnerung an Ihre Pilgerwanderung.

Besorgen Sie sich Ihren Pilgerausweis bereits vor der Abreise bei den Jakobus- gesellschaften/-bruderschaften in Deutschland. Für den Lahn- und Rhein-Camino hält die St.-Jakobus-Gesellschaft Rheinland-Pfalz-Saarland e.V. (🖳 www.jakobus- gesellschaft.eu) einen regionalen Pilgerausweis bereit. In Rheinland-Pfalz sind außerdem die St. Jakobusbruderschaft Trier (🖳 www.sjb-trier.de, ✆ info@sjb- trier.de) und die St.-Matthias-Bruderschaft Mayen (🖳 www.smb-mayen.de, ✆ info@smb-mayen.de) und in Hessen die Hessische St. Jakobusgesellschaft (🖳 www.jakobus-hessen.de, ✆ info@jakobus-hessen.de) Ihre Ansprechpartner. Darüber hinaus können Sie sich auch gerne an die Pilgerstelle im Bistum Limburg (🖳 www.pilgern.bistumlimburg.de, ✆ pilgerstelle@bistumlimburg.de) wenden.

Eine umfassende Liste der Jakobusgesellschaften in Deutschland ist unter 🖳 www.jakobus-info.de abrufbar.

Pilgerstempel

Pilgerstempel sind bisher am Lahn- und Rhein-Camino nur wenige verfügbar, jedoch soll sich dies in Zukunft noch ändern. Die entsprechenden Ausgabestellen sind den Beschreibungen der jeweiligen Etappe zu entnehmen. Seien Sie kreativ und besorgen Sie sich alternativ Stempel bei Gemeinden, Pfarrämtern oder Tou- rist-Informationen.

Bitte haben Sie Verständnis dafür, wenn die Stempelstellen nicht durchgehend zur Verfügung stehen. Angegebene Öffnungszeiten können sich inzwischen ver- ändert haben.

In Spanien erhalten Sie die die Compostela (Pilgerurkunde), wenn Sie zumin- dest die letzten 100 km nach Santiago de Compostela zu Fuß oder die letzten 200 km zu Pferd oder mit dem Fahrrad zurückgelegt haben. Die Compostela bescheinigt dem Pilger den Besuch der Kathedrale von Santiago de Compostela und damit das Ende der Wallfahrt auf dem Jakobsweg. Sie wird im Pilgerbüro des Domkapitels der Kathedrale von Santiago de Compostela kostenlos ausgestellt. Der Vorname wird in Latein in die Compostela eingetragen.

In Deutschland erhalten Sie leider keinen Nachweis über Ihre Pilgerschaft.

Der Pilgerstab

Der Pilgerstab ist neben der Jakobsmuschel und dem Pilgerhut ein Zeichen des Jakobspilgers. Es handelt sich um einen brust- bis übermannshohen Wanderstock, der unten oft mit einer Eisenspitze versehen ist. Er wird als „drittes Bein" des Pilgers bezeichnet und symbolisiert so die Dreifaltigkeit. Mittelalterliche Pilger setzten ihn gegen streunende Hunde und Wegelagerer ein. Heute wird er oftmals durch handelsübliche Wanderstöcke ersetzt.

Das heilige Jahr

Ein heiliges Jahr ist immer dann, wenn der 25. Juli eines Jahres (der Festtag des hl. Jakobus) auf einen Sonntag fällt. Das nächste heilige Jahr ist 2021. Eine Tür an der Ostseite der Kathedrale in Santiago de Compostela (als Gnadenpforte, Heilige Pforte oder Pforte der Vergebung bezeichnet), die zwischen den Kapellen des Salvators (Erlöser) und des hl. Petrus in den Chorumgang führt, wird am 31.12. vor dem hl. Jahr geöffnet. Bis zur vorletzten Öffnung der Heiligen Pforte (31.12.2003) war es üblich, eine Wand, die mit der Tür vermauert war, nach drei Schlägen des Erzbischofs einzureißen. Nach dem vorletzten heiligen Jahr 2004 wurde keine neue Wand gemauert; es wurde

Pilgerstele in Weilburg (Etappe 1)

eine Gittertür eingesetzt, die nach dem heiligen Jahr 2010 bis zum 31.12.2020 verschlossen bleibt. In heiligen Jahren erhalten die PilgerInnen einen vollkommenen Ablass von ihren Sünden, wenn sie 1. die Kathedrale von Santiago de Compostela aus Gründen der Verehrung und in Bußgesinnung besuchen, 2. dort der hl. Messe beiwohnen und 3. die Sakramente der Buße und der Eucharistie empfangen sowie die Beichte ablegen. In heiligen Jahren ist die Anzahl der Pilger deutlich höher als in den anderen Jahren; die Pilger standen in den heiligen Jahren stets unter einem besonderen Schutz der Herrscher.

Reise-Infos von A bis Z

Blick auf Braubach mit Marksburg (Etappe 7)

Aktuelle Informationen und Updates

Es gibt immer wieder Veränderungen auf dem Lahn- und dem Rhein-Camino. Der Conrad Stein Verlag veröffentlicht deshalb Updates zu diesem Buch, die direkt von dem Autor oder von Lesern dieses Buches stammen. Bitte schauen Sie vor der Abreise auf die Verlagshomepage (www.conrad-stein-verlag.de) oder Projekt-Website (www.lahn-rhein-camino.de). Der abgebildete QR-Code führt Sie direkt zur Verlagshomepage.

An-/Abreise

Den Startpunkt des Lahn-Caminos, Wetzlar, erreichen Sie am bequemsten mit den aus Richtung Koblenz fahrenden Regionalzügen. Vom Hauptbahnhof sind es noch ca. 1,5 km bis zum Dom Lahnstein als Startort des Rhein-Caminos ist hervorragend an das Bahnnetz in der Rheinschiene angebunden.

Alle Etappenorte sind an den öffentlichen Nahverkehr angeschlossen, sodass auch Tagespilger ohne großen Aufwand Bus oder Bahn für An- und Abreise nutzen können.

Für die Rückreise von Lahnstein bzw. Kaub empfehle ich ebenfalls die Nutzung der Bahn. Informationen erhalten Sie bei den zuständigen Verkehrsverbünden:

▷ Rhein-Main-Verkehrsverbund, ☏ 069/24 24 80 24,
    ✉ info@rmv.de, 🖥 www.rmv.de
▷ Verkehrsverbund Rhein-Mosel, ☏ 08 00/598 69 86,
    ✉ info@vrminfo.de, 🖥 www.vrminfo.de
▷ Deutsche Bahn, 🖥 www.bahn.de

Möchten Sie mit dem Auto anreisen, erreichen Sie Wetzlar von Norden über die A45, von Osten über die A5 - A480 - A485 - B49, von Süden über die A5 - A45 und von Westen/Süden über die A3 - B49. Nach Lahnstein gelangen Sie aus Osten über die A3 und weiter über die B49 und B42 sowie aus Norden und Süden über die A61 über Koblenz und anschließend die B42.

Ausrüstung

Grundsatz: So viel wie nötig, aber so wenig wie möglich.

Die Spezialisten wiegen jedes einzelne mitzunehmende Teil vorher ab und versuchen, ein leichteres zu bekommen. Ihr Rucksack sollte höchstens ca. 10 %

Ihres Körpergewichtes betragen. Stellen Sie unterwegs fest, dass Sie auf einiges verzichten möchten, können Sie diese Teile per Post nach Hause schicken. In den meisten Orten am Lahn- und Rhein-Camino finden Sie eine Paketannahmestelle!

Die nachfolgende Übersicht ist als Anregung für die eigenen Bedürfnisse anzusehen und erhebt keinen Anspruch auf Vollständigkeit.

Transport und Schlafen

▷   wasserdichter, verstellbarer, bequemer (Wander-) Rucksack
▷   Hüfttasche für wichtige Dokumente/Wertsachen
▷   wasserdichte Beutel für die Bekleidung
▷   leichter Schlafsack für Übernachtungen in Jugendherbergen o. Ä.
▷   Isomatte, wenn im Freien oder in Notunterkünften geschlafen wird

Unterwegs

▷   Wanderstöcke (sind bei einigen Passagen sinnvoll)
▷   Sonnen- und ggf. Lesebrille
▷   Trinkflasche
▷   Messer/Löffel/Gabel

Camino vor Frücht mit altem Markierungszeichen (Etappe 6)

▷ Armbanduhr mit Wecker
▷ Karabinerhaken (am Rucksack)
▷ Handy für den Notfall
▷ Wander-/Pilgerführer
▷ Wanderkarte(n)
▷ Sonnenschutzcreme
▷ Reisewaschmittel
▷ leicht verdauliche, kalorienreiche Nahrung wie z. B. Nüsse oder Mandeln
▷ eine kleine Kunststoffdose für Speisen
▷ Fotoapparat
▷ Wäscheleine/Wäscheklammern

Bekleidung

▷ wasserdichte, atmungsaktive, eingelaufene Wanderschuhe
▷ Trekking-Sandalen oder leichte Laufschuhe
▷ eingelaufene Wandersocken, Freizeitsocken
▷ leichte Regen-/Windjacke
▷ Kopfbedeckung
▷ 2 bequeme Unterhosen
▷ 2 atmungsaktive T-Shirts
▷ lange Wanderhose
▷ kurze Wanderhose
▷ Pulli oder Fleece-Jacke

Körperpflege

▷ Microfaser-Handtuch
▷ kleines Stück Seife oder Duschgel (Probiergröße)
▷ Zahnpflegeset
▷ Rasierset
▷ Toilettenpapier/Papiertaschentücher

Papiere

▷ Personalausweis
▷ Pilgerausweis
▷ Notizbuch/Bleistift
▷ wichtige Adressen, Telefonnummern etc.
▷ Versichertenkarte
▷ Bank-/Kredit-Karte
▷ Tickets (Bahn, …)

Reiseapotheke

▷   (wasserfestes) Wundpflaster
▷   Blasen-Pflaster (z. B. Compeed)
▷   breite Rolle Leukoplast
▷   Sportlersalbe (Mobilat, Voltaren, Kytta-Balsam)
▷   Hirschtalg oder Vaseline (zur Vorbeugung von Wundreiben)
▷   Wundsalbe (Betaisodona, Bepanthen)
▷   Nagelschere
▷   6 Sicherheitsnadeln
▷   1 Nähnadel mit Faden
▷   Akut-Set (gegen Durchfall, Schmerzen, Erkältung/Fieber)
▷   persönliche Medikamente

Sie lernen innerhalb einer Woche bereits die „Kunst des Einschränkens" – wie wenig brauchen Sie eigentlich? Die gewonnenen Einsichten lassen sich mehr oder weniger in das tägliche Leben nach dem Jakobsweg integrieren.

Einkaufen

Sie können auf dem Lahn- und Rhein-Camino alles, was Sie benötigen, einkaufen. Verstauen Sie in Ihrem Rucksack deshalb nur die kleinsten Verpackungseinheiten.

Einkehrmöglichkeiten

Einkehrmöglichkeiten wurden dort beispielhaft aufgenommen, wo Unterkünfte gleichzeitig kein Restaurant anbieten. Es wurden nur Restaurants aufgenommen, die auch ihr Einverständnis dazu erklärt haben.

Etappen und Distanzen

Der Lahn- und der Rhein-Camino haben ihren ganz besonderen Reiz in der Landschaft. Zum einen wird Sie das immer enger werdende Lahntal mit seinen idyllischen Ortschaften begeistern, zum anderen pilgern Sie durch das Welterbe Kulturlandschaft Oberes Mittelrheintal mit dem sagenumwobenen Loreleyfelsen.

Die Etappen wurden so gewählt, dass die Gesamtstrecke des Lahn-Caminos von annähernd 140 km bei entsprechenden Witterungsbedingungen von gesunden Pilgern in 6 Etappen und die des Rhein-Caminos mit rund 50 km in 3 Etappen zu bewältigen sind.

Die im Buch beschriebenen Etappen sind jedoch nur als Vorschlag zu sehen und können/sollen Ihrem individuellen Leistungsvermögen angepasst werden. Für die Gehzeiten bei den einzelnen Etappen habe ich neben einer Geschwindigkeit von 4 km/h auch die jeweiligen Höhenprofile in Betracht gezogen. Beachten Sie bitte, dass Besichtigungen und Pausen nicht einkalkuliert wurden.

Berücksichtigen Sie bitte die manchmal stark ansteigenden Wege und gönnen sich ausreichend Rast, insbesondere bei Hitze. Einige Passagen stellen für Einzelne aufgrund der Beschaffenheit eine Herausforderung dar.

Die Entfernungsangaben stellen die ermittelten Entfernungen auf direktem Wege dar. Durch Abstecher, Besichtigungen oder Wege zu Stempelstellen können sich die Etappen verlängern. Bei wesentlichen Abweichungen wird mit einer exakten Angabe in der jeweiligen Etappenbeschreibung darauf hingewiesen.

Vor jeder Etappe erhalten Sie Informationen zu allen Gemeinden auf dem Weg mit der vorhandenen Infrastruktur. Die dabei angegebenen Streckenkilometer beziehen sich im Regelfall, falls kein markanter Punkt angegeben, auf den jeweiligen Ortseingang.

Fahrradpilger

Für Fahrradpilger sind Lahn- und Rhein-Camino aufgrund ihrer Beschaffenheit nicht geeignet.

GPS-Tracks

Die GPS-Tracks zu den beschriebenen Wegen können Sie von der Internetseite des Verlags (🖳 www.conrad-stein-verlag.de) herunterladen.

📖   **GPS** *Grundlagen · Tourenplanung · Navigation* von Michael Hennemann, Basiswissen für draußen, Conrad Stein Verlag, ISBN 978-3-86686-495-5, € 9,90

Klima und Reisezeit

Der Lahn-Camino liegt geografisch überwiegend im Taunus und ist somit Bestandteil des Rheinischen Schiefergebirges zwischen Rhein und Main im Westen und Süden, der Lahn im Norden und der Wetterau im Osten. Im Zentrum liegt der Naturpark Hochtaunus, im Nordwesten befindet sich der Naturpark Nassau, während der Naturpark Rhein-Taunus im Westen angesiedelt ist. Das

Klima wird durch die bevorzugte Lage als warm und gemäßigt eingestuft, sodass es eine gute Vorrausetzung für den anspruchsvollen Weinanbau darstellt. Die Temperatur liegt im Jahresdurchschnitt bei 8,8 °C, während der durchschnittliche Niederschlag pro Jahr 756 mm beträgt. Im Mittelrheintal, wo sich der Rhein-Camino befindet, sind die Werte sogar noch etwas günstiger.

Beide Wege können bei entsprechender Ausrüstung zu jeder Jahreszeit begangen werden. Die besten Bedingungen bieten die Frühlings- und Sommermonate, aber auch im Frühherbst lohnt sich eine Wanderung durch die abwechslungsreiche Natur. Man sollte jedoch zu jeder Zeit mit Niederschlag rechnen.

Medizinische Versorgung

Die ärztliche Versorgung ist auf dem Lahn- und Rhein-Camino sehr gut. Für den „Alltagsgebrauch" sind die Apotheken bestens ausgestattet. Trotzdem sollten Sie auf die Mitnahme einer Notfallversorgung (☞ Ausrüstung, Reiseapotheke) und Ihre persönlichen Medikamente achten.

Notruf für Polizei, Feuerwehr, Krankenwagen/Notarzt: ☎ 112

Sehenswürdigkeiten

In den Orten am Lahn- und Rhein-Camino werden Sie zahlreiche Sehenswürdigkeiten entdecken. Die große Vielzahl lässt es leider nicht zu, alle in diesem Büchlein aufzunehmen und ausführlich zu beschreiben. So werden Sie hier nur zu solchen Sehenswürdigkeiten Hinweise und Tipps vorfinden, die unmittelbar am Weg liegen oder von besonderer Bedeutung sind.

Unterkünfte

Ein durchgängiges Herbergssystem wie in Spanien können Sie am Lahn- und Rhein-Camino nicht erwarten. Es ist also Ihre Eigeninitiative gefordert, eine für Sie passende Unterkunft ausfindig zu machen. Sie finden bei den Beschreibungen der einzelnen Etappen Angaben zu den zuständigen Touristikbüros, die Ihnen gerne bei der Vermittlung von Unterkünften nach Ihren Wünschen behilflich sein werden. Einige Unterkunftsmöglichkeiten zeige ich Ihnen bei jeder Etappe beispielhaft auf, wobei sich die Auswahl vornehmlich auf Häuser in der Nähe des markierten Weges beschränkt.

Es konnten nur Hotels, Pensionen, Jugendherbergen oder Campingplätze in das Buch aufgenommen werden, die ihr Einverständnis hierfür gegeben haben.

Vermissen Sie in Ortschaften trotz der entsprechenden Symbole für solche Unterkunftsmöglichkeiten die ausführlichen Angaben dazu, so ist dies der nicht erteilten Zustimmung zur Veröffentlichung geschuldet. In diesen Fällen kann ich nur auf Ihre eigene Recherche im Internet oder bei der jeweiligen Tourist-Information verweisen.

Die Zimmerpreise bewegen sich pro Übernachtung durchschnittlich bei ca. € 40 für Einzelzimmer und ca. € 70 für Doppelzimmer mit entsprechenden Abweichungen nach oben und unten. Sie wurden direkt bei den Vermietern ermittelt (Stand: November 2018), können jedoch zum Zeitpunkt Ihrer Lektüre inzwischen davon abweichen. In einigen Städten und Gemeinden muss gegebenenfalls zusätzlich mit einer Kurtaxe gerechnet werden. Es wird empfohlen, bereits im Rahmen der Planung Ihrer Pilgerwanderung auf dem Lahn- und Rhein-Camino Unterkünfte vorab zu buchen und nicht erst am Ende eines anstrengenden Pilgertages auf gut Glück eine solche zu suchen. Bedenken Sie bitte, dass für Übernachtungen in Jugendherbergen ein gültiger Jugendherbergsausweis vorhanden sein muss.

Buchen Sie Ihre Unterkunft bitte unmittelbar bei den Betrieben oder über eine Tourist-Information, da die Preise in Buchungsportalen durch Provisionen höher sein können.

Wanderkarten

☺ Die Kartenempfehlungen wurden von der Geobuchhandlung Kiel überprüft. 🖳 www.geobuchhandlung.de

Für den Lahn- und den Rhein-Camino gibt es keine eigenen Wanderkarten, die den gesamten Weg abbilden. Es sind aber sehr wohl einzelne Abschnitte in regionalen Wanderkarten enthalten und mit dem Symbol der gelben Jakobsmuschel auf blauem Grund gekennzeichnet. Diese Karten sind nur über das Landesamt für Vermessung und Geobasisinformation Rheinland-Pfalz erhältlich.

🖳 www.vermkv.service24.rlp.de/shop

Karten mit Lahn- und Rhein-Camino:

♦ Naturpark Nassau (1:50.000), Landesamt für Vermessung und Geobasisinformation Rheinland-Pfalz, 7. Auflage 2011,
ISBN 978-3-89637-305-2

♦ Oberes Mittelrheintal Koblenz (1:25.000), Landesamt für Vermessung und Geobasisinformation Rheinland-Pfalz, 4. Auflage 2011,
ISBN 978-3-89637-363-2

- Oberes Mittelrheintal Loreley (1:25.000), Landesamt für Vermessung und Geobasisinformation Rheinland-Pfalz, 4. Auflage 2011, ISBN 978-3-89637-364-9
- RheinWandern Süd (1:25.000), Landesamt für Vermessung und Geobasisinformation Rheinland-Pfalz, 1. Auflage 2011, ISBN 978-3-89637-387-8

Weiterhin werden folgende Kartenwerke empfohlen:

- Strecke Wetzlar – Limburg: Wanderkarten-Set Westerwald – Siegen – Naturpark Lahn-Dill-Bergland (1: 50.000), 2. KOMPASS, Auflage 2016, ISBN 978-3-85026-358-0
- Strecke Limburg – Nassau: Rund um Limburg (1:40.000), GW Rheingau-Taunus-Kartographie, 1. Auflage 2017, ISBN 978-3-93651-007-2
- Strecke Nassau – Lahnstein – St. Goar: Westlicher Taunus/Mittelrhein (1:40.000), GW Rheingau-Taunus-Kartographie, 3. Auflage 2008, ISBN 978-3-93651-003-4
- Strecke St. Goar – Kaub: Bingen-St. Goar/Oberes Mittelrheintal (1:25.000), GW Rheingau-Taunus-Kartographie, 1. Auflage 2015, ISBN 978-3-93651-031-7

Wandern mit Hund

Lahn- und Rhein-Camino sind von der Beschaffenheit auch mit Hunden machbar. Jedoch gibt es nur wenige Unterkünfte, die Hunde in ihrem Haus dulden. Um keine Überraschungen zu erleben, wird dringend empfohlen, bei der Buchung nachzufragen.

Hundefreundliche Unterkünfte sind in diesem Buch übrigens mit dem Symbol 🐕 versehen.

Wegmarkierung

Der Lahn-Camino wurde erstmals im Jahr 2001 auf einer Länge von ca. 140 km zwischen Wetzlar und Oberlahnstein und der Rhein-Camino auf einer Länge von ca. 50 km zwischen Oberlahnstein und Kaub durch den Taunusklub markiert. Ab 2018 hat die Regionalgruppe Mittelrhein der St.-Jakobus-Gesellschaft Rheinland-Pfalz-Saarland e. V. begonnen, die Markierung grundlegend zu erneuern und das bisherige Zeichen mit dem vom Europarat empfohlenen Markierungszeichen, einer stilisierten gelben Muschel auf blauem Grund, auszutauschen. Die zusammenlaufenden Rippen der Jakobsmuschel weisen dabei dem Pilger die Wegrichtung.

An einigen Teilstrecken der europäischen Jakobswege wurde damit begonnen, die Wegmarkierung mit dem immer wichtiger werdenden Artenschutz zur Erhaltung einer breiten Biodiversität (Artenvielfalt) zu kombinieren. Auch auf dem Lahn- und Rhein-Camino werden Sie zukünftig Vogel-Nistkästen, Fledermauskästen und Insektenhotels vorfinden. Auf ihnen werden zusätzlich ein gelber Pfeil und/oder eine Jakobsmuschel aufgetragen. Diese stammen aus der Werkstatt des Autors des Pilgerführers für den Mosel-Camino, Karl- Heinz Jung, und von seinen ehrenamtlichen Helfern.

Informationen erhalten Sie unter:

artenschutzundwegemarkierung.blogspot.de.

Blick ins Lahntal vom Aussichtstempel Gabelstein (Etappe 4)

Lahn-Camino

Etappe 1: Von Wetzlar nach Weilburg

➲ 26,4 km, ⧖ 6 Std. 30 Min., ↑ 511 m, ↓ 536 m, ⇧ 149-301 m

0,0 km	⇧ 169 m	Wetzlar (Dom) 🛈 🚐 🚌 🛏 🏨 ✕ ☕ 🍷 🎪 🏧 ⚕ ♟ ➕ ✝
2,0 km	⇧ 164 m	Nauborn 🚌 ✕ 🎪 🏧 ♟
7,0 km	⇧ 237 m	Laufdorf 🚌 🏨 ✕ 🍷
11,7 km	⇧ 177 m	Oberndorf 🚌
14,5 km	⇧ 250 m	Braunfels (Marktplatz) 🛈 🚐 🛏 ✕ ☕ 🍷 🎪 🏧 ⚕ ♟ ➕ ⌘ 🎭
19,7 km	⇧ 271 m	Hirschhausen (evangelische Kirche) 🚌
26,4 km	⇧ 161 m	Weilburg (Marktplatz) 🛈 🚐 🚌 🛏 🏨 ✕ ☕ 🍷 🎪 🏧 ⚕ ♟ ➕ ✝ ⌘

Sie beginnen den Lahn-Camino am Wetzlarer Dom und werden durch die gut erhaltene Altstadt aus dem Zentrum herausgeführt. Sie pilgern durch Wald, Feld sowie ein ehemaliges Eisenerz-Abbaugebiet und machen Zwischenstation in Braunfels. Schließlich erreichen Sie das Etappenziel Weilburg mit seiner prächtigen Schlossanlage.

Wetzlar

51.600 Ew., ✉ 35578,

🛈 ⊙ Tourist-Information, Domplatz 8, am Weg, ☎ 064 41/99 77 55,
　　✉ tourist-info@wetzlar.de, 💻 www.wetzlar.de, 🕐 Mai-September Mo-Fr 9:00-18:00, Sa 10:00-14:00, So 11:00-15:00, Oktober-April Mo-Fr 9:00-17:00, Sa 10:00-12:00

🛏 Pension Domblick, Langgasse 64, 700 m vom Weg, ☎ 064 41/90 16 90,
　　✉ anfrage@domblick.de, 💻 www.domblick.de, EZ ab € 49, DZ ab € 79, inkl. Frühstück, 🐎

✕ Ratsschänke, Fischmarkt 2, am Weg, ☎ 064 41/461 76,
　　💻 www.ratsschaenke-wetzlar.de, 🕐 Mo-Fr 17:00-24:00, Sa 11:00-24:00

　　Die Region rund um Wetzlar kann eine lange Siedlungsgeschichte aufweisen. Neben ersten Nachweisen aus der Altsteinzeit (vor rund 100.000 Jahren) wurden bei archäologischen Untersuchungen Relikte aus der Jungsteinzeit um 5.000 v. Chr. gefunden. Aus der vorchristlichen Eisenzeit ab 500 konnten inzwischen die Förderung und Verarbeitung von Eisenerz durch Kelten nachgewiesen werden, die im Prinzip als Beginn der bis in die jüngste Vergangenheit im Wetzlarer Land

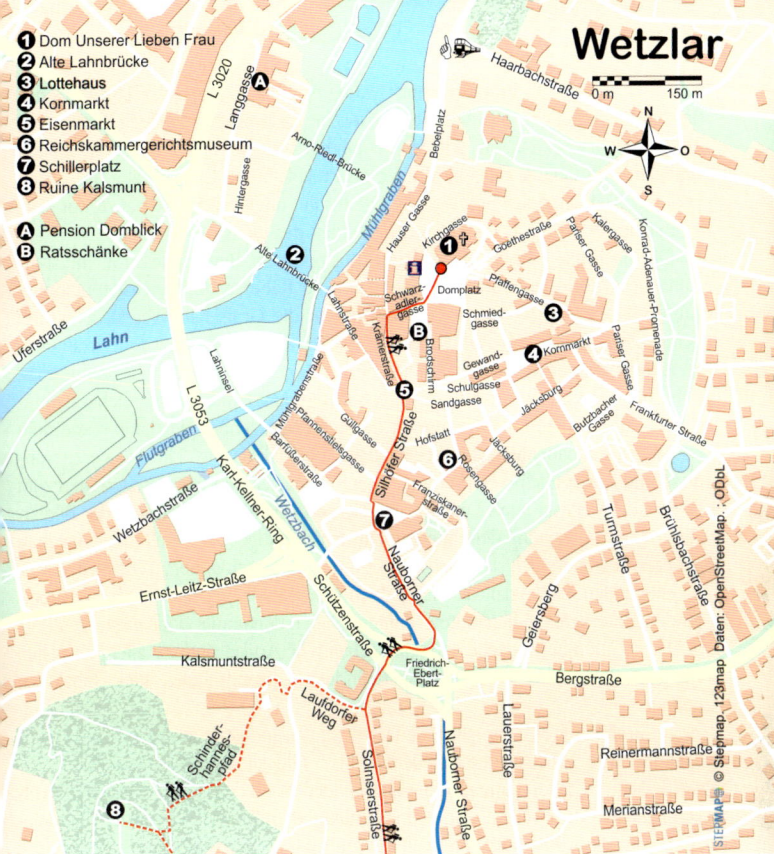

1 Dom Unserer Lieben Frau
2 Alte Lahnbrücke
3 **Lottehaus**
4 Kornmarkt
5 Eisenmarkt
6 Reichskammergerichtsmuseum
7 Schillerplatz
8 Ruine Kalsmunt

A Pension Domblick
B Ratsschänke

Wetzlar

ansässigen Tradition der Eisenverhüttung angesehen werden können. Nach den Kelten siedelten sich Germanen und Römer im Lahntal an.

Wetzlar besteht nachweislich seit dem 8. Jh.; als erste urkundliche Erwähnung wird eine Schenkung an das Benediktinerkloster Lorsch im Jahr 832 angesehen. Bedeutsam wurde Wetzlar unter Kaiser Friedrich Barbarossa, der hier 1180 eine Reichsvogtei errichtete und Wetzlar zur Reichsstadt mit besonderen Privilegien erhob. Bis Mitte des 13. Jh. entstand eine standesgemäße Befestigungsanlage und die Bevölkerungszahl von bis zu 6.000 war die einer mittelalterlichen Groß-stadt. Es folgte eine Überschuldung der Stadt mit Zwangsverwaltung und bis zum Ende des Dreißgjährigen Krieges (1618-1648) zählte man hier nur noch rund

1.500 Einwohner. Einen neuen Aufschwung verzeichnete Wetzlar 1689, als das Reichskammergericht, die höchste juristische Instanz des Heiligen Römischen Reiches Deutscher Nation, von Speyer hierhin verlegt wurde. 1772 war Johann Wolfgang von Goethe für fünf Monate als Praktikant am Gericht tätig und lernte in dieser Zeit Charlotte Buff kennen. Die für ihn unglückliche Romanze war Vorlage seines ersten großen Werkes „Die Leiden des jungen Werther".

Die nächsten großen Veränderungen fanden zu Beginn des 19. Jh. statt: Zunächst wurde der Status als Reichsstadt im Rahmen des Reichsdeputationshauptschlusses verloren und die Stadt fiel an die Grafschaft Wetzlar. Nur drei Jahre später war mit der Auflösung des Reiches auch die Ära des Reichskammergerichtes beendet. Unter der nachfolgenden Regentschaft Preußens konnte man sich zumindest den Dienstsitz des Landrates im Landkreis Wetzlar sichern.

Im Laufe des 19. Jh. erfolgte mit der Schiffbarmachung der Lahn sowie dem Bau von Eisenbahnlinien der Beginn der Industrialisierung. Die Eisenerzgewinnung und später auch -verarbeitung boomte zunächst, jedoch verschwanden zum Jahrhundertwechsel immer mehr von den rund 100 Bergwerken von der Bildfläche, da die Gewinnung der Lahnerze mit dem günstiger wirtschaftenden Tagebau anderer Regionen nicht konkurrieren konnte. Aber auch andere Wirtschaftszweige entstanden in Wetzlar, die sich jedoch (noch) nicht gegen die metallverarbeitenden Unternehmen behaupten konnten: Neben den immer noch existenten Produktionsstätten für optische und feinmechanische Artikel sind vor allem Branchen wie Leder-, Genuss- und Lebensmittelindustrie (Handschuhe, Bier, Tabak) zu nennen.

Im Zweiten Weltkrieg galt Wetzlar mit seinen Industriezweigen als taktisches Ziel und litt unter schweren Bombenangriffen. Glücklicherweise blieb die sehenswerte Altstadt davon vornehmlich unbeschadet. Nach dem Krieg nahm die Bevölkerungszahl durch Vertriebene und Flüchtlinge deutlich zu und mit der Stationierung von bis 6.000 Soldaten nach der Aufstellung der Bundeswehr nahm auch die Bedeutung von Wetzlar weiter zu. Es wurden neue Wohngebiete geplant, um der zunehmenden Einwohnerzahl den notwendigen Wohnraum zur Verfügung zu stellen.

Heute ist Wetzlar Kreisstadt des Lahn-Dill-Kreises mit zahlreichen Verwaltungs-, Kultur- und Bildungseinrichtungen sowie Sitz und Produktionsstätte von teilweise traditionellen Unternehmen aus dem Bereich Stahl, Optik und Feinmechanik.

✞ Dom Unserer Lieben Frau

Wenn man vom Wetzlarer Dom spricht, muss man wissen, dass es sich bei dieser ab 1230 erbauten Kirche eigentlich „nur" um eine Stiftskirche handelt. Diese zählt heute – nach Einführung der Reformation in der Stadt 1561 durch einen Vertrag zwischen den Stiftsherren und den Bürgern – zu den ältesten Gotteshäusern, die gleichzeitig von katholischen und evangelischen Christen genutzt werden. Nach etlichen Streitereien im Laufe der Zeit wurden beide Kirchengemeinden erst 1978 durch einen Eintrag im Grundbuch zu gleichberechtigten Eigentümerinnen. Darüber hinaus ist bemerkenswert, dass die Marienkirche nie eine Bischofskirche war, sich die Bezeichnung „Dom" aber im 17. Jh. nach Übernahme des Amtes des Stiftspropstes durch den Erzbischof von Trier, Karl Kaspar von der Leyen, durchsetzte.

Vermutlich bestand auf dem exponierten Platz bereits Mitte des 9. Jh. eine Kirche, bevor 879 eine neue Basilika durch Bischof Rudolf von Würzburg geweiht wurde. Schon bald gründete sich ein Marienstift. Im auslaufenden 12. Jh. wurde auf dem Grundriss der Stiftskirche dann eine spätromanische Pfeilerbasilika errichtet. Bereits 1230 begann man mit dem Bau der jetzigen Kirche, unter anderem auch, um mehr Platz für die Altäre der Stiftsherren zu bekommen. Dabei war es üblich, den Neubau um das bisherige Gebäude herum zu errichten. Bemerkenswert ist die Tatsache, dass aus der ursprünglich geplanten spätromanischen Basilika eine frühgotische Hallenkirche entstand. Aufgrund finanzieller Nöte kam es immer wieder zum Stillstand der Arbeiten. Nach Wiederaufnahme fanden Einflüsse anderer Bauhütten in das Gesamtwerk Einzug, sodass verschiedene Baustile wie Früh-, Hoch- und Spätgotik in den einzelnen Abschnitten noch heute erkennbar sind. Schließlich wurde die alte, sich noch auf der Baustelle befindliche Kirche abgerissen, Ausnahmen bildeten der Chor und die Seitenkapellen. Um 1336 wurden die Fundamente für die Westfassade mit zwei mächtigen Türmen gelegt. Erst gegen Ende des 14. Jh. wurde dieses Westwerk fertiggestellt. In dieser Zeit ist auch der Lettner entstanden, der bis 1945 den Chor vom Langhaus trennte. Der Südturm wurde erst rund 100 Jahre später vollendet, der Nordturm blieb bis auf das Untergeschoss, das wohl einmal die Taufkapelle beherbergen sollte, unvollendet. Noch heute steht dort der alte Turm mit dem Heidenportal auf der „Baustelle".

Nach der Aufhebung des Stifts 1803 ließ die evangelische Gemeinde 1837 die Kirche renovieren und entfernte dabei alle 21 Nebenaltäre. Eine umfassende Sanierung, die durch eine Lotterie und großzügige Spenden finanziert wurde, erlebte der Dom im Zeitraum 1903-1910.

Für Jakobspilger sind zwei Darstellungen des heiligen Jakobus von Interesse. Zum einen kann man eine nicht zum ursprünglichen Ensemble gehörende und wohl von einem zurückgekehrten Pilger gestiftete Statue auf der rechte Seite des Turmportals entdecken. Zum anderen befindet sich eine weitere Statue auf der rechten Seite des Hauptportals.

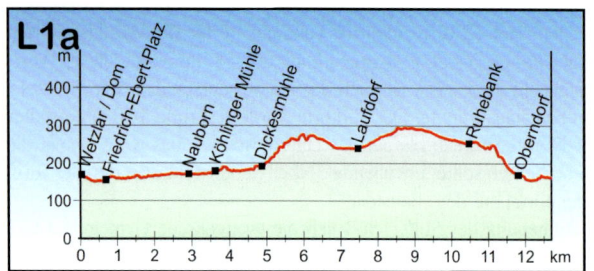

⌘ Historische Altstadt

Wetzlar hat in seiner Altstadt viele sehenswerte Bauwerke zu bieten, die verschiedenste Epochen wie Romanik, Gotik, Renaissance und Barock anschaulich darstellen. Neben der ältesten noch erhaltenen Steinbrücke Hessens, der siebenbogigen Lahnbrücke aus dem 13. Jh., sind die zahlreichen und sich in einem sehr guten Zustand befindlichen Fachwerkhäuser an den früheren Marktplätzen für

Butter, Fisch, Eisen oder Getreide äußerst sehenswert. Glücklicherweise fügten die Bombardements des Zweiten Weltkriegs den historischen Gebäuden keine größeren Schäden zu. Bei Interesse sollten Sie sich die Zeit nehmen und einen Rundgang durch die Altstadt einplanen. Einen entsprechenden Flyer erhalten Sie in der Tourist-Info.

🥾🥾 Sie beginnen Ihre Pilgerwanderung auf dem Lahn-Camino am Wetzlarer Dom, überqueren den Domplatz abwärts und gehen nach rechts in die Schwarzadlergasse, bis diese auf die Krämerstraße trifft. Hier biegen Sie nach links ab und erreichen kurz darauf den Eisenmarkt. Es geht weiter geradeaus in die Silhöfer Straße bis zum Schillerplatz und dann in die Nauborner Straße. Diese endet an einem großen Kreisverkehr, dem Friedrich-Ebert-Platz. Halten Sie sich jetzt rechts und nutzen Sie die Fußgängerampel, um die stark befahrene Straße zu überqueren und gegenüber zu einem mehrstöckigen Gebäudekomplex an der Solmser Straße zu gelangen.

✎ Hier haben Sie die Möglichkeit zu einem Abstecher zur Ruine Kalsmunt, der die Gesamtstrecke der Etappe um ca. 800 m verlängert. Dazu biegen Sie nach rechts in den aufwärts führenden Laufdorfer Weg ein, gehen in der folgenden Kurve vor einer weißen Villa nach rechts und folgen danach dem Schinderhannespfad links aufwärts an einem Betriebsgelände vorbei in den Wald hinein. Der Pfad verläuft auf einem Stück Wiese und steigt ab einer Ruhebank links steil an. An der nächsten Kreuzung wählen Sie den linken Abzweig an einem Zaun entlang, bis Sie einige in den Boden eingelassene Stufen erreichen. Von dort können Sie bereits das Eingangstor der Burgruine erkennen. Für den Rückweg zum Lahn-Camino halten Sie sich – die Ruine im Rücken – rechts und laufen hinter einer Schranke in den Burgweg. Gehen Sie an der Gabelung links abwärts bis zur nächsten Straße. 50 m links unterhalb eines weißen Tores biegen Sie rechts ab in das Hundspfädchen, das zunächst asphaltiert, am Ende jedoch mit Treppenstufen versehen ist und schließlich an der Solmser Straße endet.

♜ Ruine Kalsmunt

Von der ehemals weitläufigen Reichsburg Kalsmunt, auf einem rund 250 m hohen Basaltkegel oberhalb von Wetzlar gelegen, sind heute lediglich der Bergfried sowie Reste der inneren Toranlage und weiterer Gebäude erhalten. Vom besteigbaren Bergfried haben Sie einen 📷 schönen Ausblick auf Wetzlar.

Über die Entstehung der Burganlage streiten sich die Gelehrten. Es gibt Vermutungen, dass bereits die Römer die Erbauer gewesen sein könnten. Wahrscheinlicher ist jedoch, dass Karl der Große um 800 die Burg errichten ließ, um die damals schon existierende Stadt Wetzlar besser kontrollieren zu können. Im ausgehenden 12. Jh. war es Kaiser Friedrich Barbarossa, der aus dem gleichen Grund die Anlage ausbauen ließ. Zu dieser Zeit wurde Burg Kalsmunt zur Reichsmünzstätte. Zu Beginn des 16. Jh. verlor die Burg jedoch ihre militärische Bedeutung und war dem Verfall preisgegeben. Mitte des 18. Jh. entstand der Plan, die Burg wiederzubeleben und zu einer Festung auszubauen. Bei dem Plan blieb es – es fehlte das notwendige Geld.

Wenn Sie sich nicht für den vorher genannten Abstecher entscheiden können, geht es weiter geradeaus entlang der Solmser Straße bis zum Wetzlarer Stadtteil Nauborn (3.800 Ew., ☎ 35580, 🚌 ✕ 🏧 BANK ♞). Die Straße verläuft nach einer Weile durch einen kurzen, mit viel Grün versehenen Abschnitt. Dabei passieren Sie eine Schranke, die keinen Autoverkehr zulässt. Zwischen einem Gebäudekomplex und einer Ruhebank mündet der Weg in die Industriestraße und führt Sie an einigen Gewerbebetrieben vorbei. An einer Postfiliale folgen Sie zunächst der Vorfahrtstraße nach links und biegen nach wenigen Schritten rechts in den Solmserweg. Hier passieren Sie nacheinander das Bürgerhaus, die Feuerwache und eine Sporthalle und laufen teilweise parallel zum Wetzbach. Schließlich erreichen Sie eine Kreuzung, an der sich auch eine Metzgerei befindet, und nehmen zur Linken die Brücke über den Wetzbach.

An der Wilhelm-Will-Straße angekommen wenden Sie sich nach rechts und überqueren die Straße nach rund 150 m vorsichtig nach links in die Theutbirgstraße. Auf der rechten Seite befindet sich die Köhlinger Mühle und die Straße wird im weiteren Verlauf von hübschen Häuschen gesäumt. Der Weg führt Sie nun eine kurze Passage am Waldrand entlang, zurück an die L3284 und sofort wieder links über den Parkplatz einer Tennisanlage. Folgen Sie einer Schotterpiste durch Weidewiesen hindurch am Wetzbach entlang, bis Sie sich vor einer Brücke auf Höhe der Dickesmühle nach rechts wenden und auf die Mühle sowie die L3284 zugehen. Nach der Straßenquerung laufen Sie geradeaus weiter in einen Waldweg hinein. Nach wenigen Schritten sollte sich Ihr Augenmerk auf die linke Seite konzentrieren. Mitten im Strauchwerk entdecken Sie ein hölzernes Hinweisschild und einen kleinen Pfad ins Dickicht hinein, der Sie zu den aufgemauerten Fundamenten der Theutbirg-Basilika führt.

✝ Theutbirg-Basilika

Eine erste urkundliche Erwähnung erfolgte durch die Schenkung der kleinen Kirche von einer Frau Theutbirg an das Kloster Lorsch im Jahr 778. Über die Entstehung, die deutlich vor diesem Datum liegen muss, ist nichts bekannt. Informationen über den weiteren Bestand der Kirche sind ebenfalls nicht gesichert, es wird jedoch vermutet, dass sie nicht lange nach der Schenkung abgerissen wurde. Erst im Jahr 1927 wurden die Reste entdeckt und fünf Jahre später intensiver untersucht. Dabei konnte ein längsrechteckiger Saalbau in Bruchsteinbauweise nachvollzogen werden, an dessen Südwand sich ein Raum mit Kochstelle befand. Dabei könnte es sich um die Klause der Frau Theutbirg gehandelt haben. An der Süd- und Nordseite des Chorraumes wurden auf dem Gelände des Kirchhofes 14 unversehrte Gräber gefunden. Weitere Fundstücke waren Gefäßstücke, die auf die Zeit zwischen 700 und 780 datiert werden konnten, sowie eine Eisenaxt.

Folgen Sie nun dem leicht ansteigenden Waldweg rund 600 m geradeaus und zweigen Sie dann hinter einer leichten Linkskurve rechts auf einen weiteren, etwas verwildert aussehenden Waldpfad ab, der von Indischem Springkraut gesäumt ist. Sie gelangen nach einer Weile an den Waldrand, biegen rechts ab auf einen Wirtschaftsweg und überqueren die L3053 geradeaus in die Schwalbacher Straße in Richtung Grillhütte. Die Straße bringt Sie schließlich über eine Kreuzung hinweg nach Laufdorf.

Theutbirk-Basilika

Laufdorf

1.600 Ew., ⬚ 35641, 🚌 🏠 ✕ 🍷

🏠   Laurentiuskonvent Gruppe Laufdorf, Ringstraße 21, 100 m vom Weg,

☎ 064 45/78 11, 📧 laufdorf@laurentiuskonvent.de, 🖥 www.laurentiuskonvent.de,

auf Spendenbasis, nur mit Pilgerausweis

🚶   An Ende der Schwalbacher Straße gehen Sie hinter einer Sitzgruppe nach links und direkt wieder nach rechts bis zur Lahnstraße. Auf der anderen Fahrbahnseite laufen Sie auf der Straße Im Graben weiter bis zum großen Parkplatz des Sportplatzes mit Bushaltestelle. Dort halten Sie sich links, passieren den Sportplatz und wandern auf Asphalt, Schotter und Wiese aufwärts auf den bereits in der Ferne sichtbaren Waldrand zu. Der Lahn-Camino geht hier links weiter, vornehmlich auf breiten Schotter- und Waldwegen. Eine Sitzbank lädt zu einer Rast ein und bei entsprechendem Wetter haben Sie einen 📷 schönen Blick auf den Taunus bis hin zum Großen Feldberg, mit 881 m immerhin der höchste Berg Hessens.

Sie wandern zunächst am Waldrand entlang, ignorieren eine Kreuzung mit Wegweisern nahe einem Hochbehälter, biegen an der nächsten rechts auf einen abwärtsführenden Schotterweg und an der folgenden Weggabelung links ab. Queren Sie auch noch die folgende Wegekreuzung und wandern Sie auf den Wald zu, den Sie an einer Ruhebank erreichen. Laufen Sie geradeaus in den Wald hinein, den Sie nach rund 2 km ohne Abzweig, auf denen Sie einige Höhenmeter verlieren, nach rechts verlassen. Sie befinden sich nun im Solmser Stadtteil Oberndorf (2.500 Ew., ⬚ 35606, 🚌). Gehen Sie über eine Straßenkreuzung weiter bis zur Egerlandstraße, der Sie nach links folgen. Es folgt eine Gabelung, an der Sie den rechten Abzweig nehmen, um an der nächsten T-Kreuzung rechts leicht abwärts an einer braunen Halle vorbei und über eine Brücke bis zur L3283 (Peter-Weil-Straße) zu gelangen. Laufen Sie über den rechts liegenden Parkplatz und überqueren Sie vorsichtig die verkehrsreiche Straße. Auf der anderen Seite folgen Sie der Attenbachstraße und passieren den wuchtigen, stillgelegten Bahnhof Braunfels-Oberndorf. Vor einem weiteren Gebäude verlassen Sie die Straße nach rechts auf einen schmalen Schotterweg, der Sie in die Höhe nach

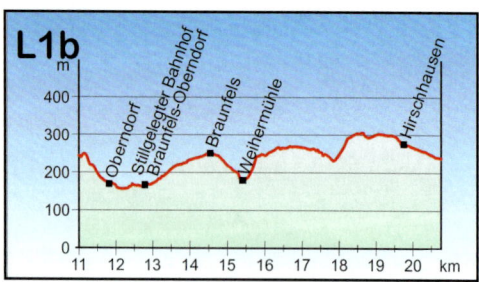

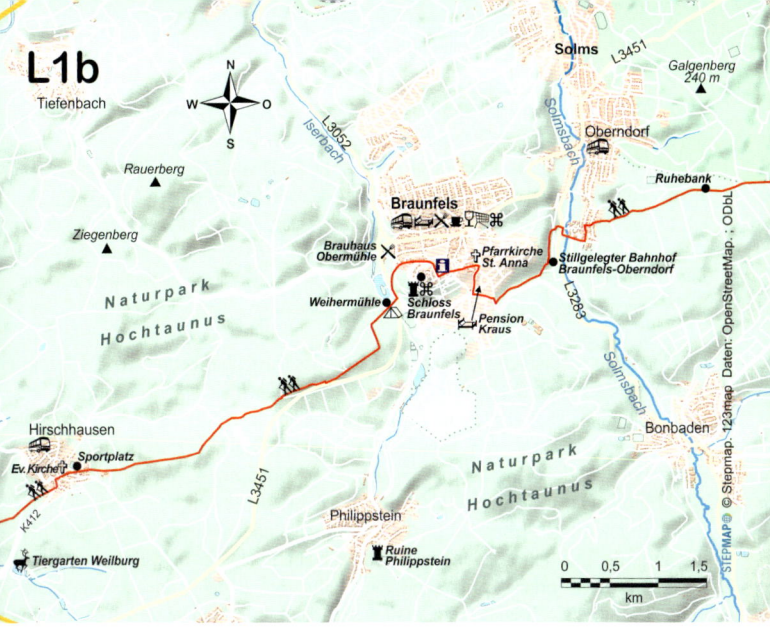

Braunfels bringt. Am Ende des Pfades befinden Sie sich erneut an der Attenbachstraße, der Sie nach rechts bis zu einem Autohaus folgen. Dort gehen Sie in die
gegenüberliegende Solmser Straße hinein und verbleiben auf dieser bis zur Kreuzung mit der Hubertusstraße. Hier treffen Sie auf die ✝ katholische Pfarrkirche St.
Anna. Zu den Öffnungszeiten können Sie sich im ☉ Pfarramt (Hubertusstraße 9,
🕐 Mo-Fr 10:00-12:00, Mo-Do 14:00-16:00) Ihren Pilgerausweis stempeln lassen. Danach gehen Sie links in die Hubertusstraße, an deren Ende der Marktplatz
auf Sie wartet. Ruhen Sie sich doch in einem der Cafés aus oder schauen Sie sich
das Braunfelser Schloss an.

Braunfels   10.900 Ew., ✉ 35619, ℹ 🚌 🛏 ✕ ☕ 🍷 🍴 🏦 ♀ ♿ ✚ ⌘ 🍴

ℹ ☉ Tourist-Information, Marktplatz 9, am Weg, ☎ 064 42/93 44 11,
    ✉ touristinfo@braunfels.de, 🖥 www.braunfels.de, 🕐 April-Oktober Mo, Mi-Fr
    10:00-13:00 und 14:00-18:00, Di 10:00-12:00 und 14:00-18:00, Sa 10:00-14:00,
    So 14:00-18:00

🛏 Pension Kraus, Sälzerweg 3, 50 m vom Weg, ☎ 064 42/96 20 90,
    ✉ henriette.kraus@braunfels-privatzimmer.de,
    🖥 www.braunfels-privatzimmer.de, EZ ab € 31, DZ ab € 48, inkl. Frühstück

✗   Brauhaus Obermühle, Gebrüder-Wahl-Straße 19, 700 m vom Weg,
     ☎ 064 42/43 82, ✎ Obermuehle.braunfels@t-online.de,
     🖥 www.brauhaus-braunfels.de, 🕤 Di, Mi, Fr, Sa 17;00-23:00, So 11:30-21:00

⌘ ♜   Fürstliches Familienmuseum im Schloss Braunfels, In den Anlagen 4, am Weg,
     ☎ 064 42/50 02, ✎ info@schloss-braunfels.de, 🖥 www.schloss-braunfels.de,
     🕤 täglich 8:00-19:00, Eintritt ohne Führung € 3 p. P. durch Münzeinwurf, Schloss-
     führungen täglich ab 11:00 zur vollen Stunde, in den Wintermonaten werktags nur
     nach Anmeldung, € 7 p. P. (inkl. Museumseintritt)

Eine erste urkundliche Erwähnung erfuhr das Castellum Brunivels 1246. Das den Ort prägende ♜ Schloss Braunfels war ursprünglich eine Verteidigungsanlage gegen die Grafschaft Nassau und wurde schließlich im ausgehenden 13. Jh. zur Wohnburg der Grafen von Solms umfunktioniert. Nach der Zerstörung ihrer Stammburg rund 100 Jahre später machten die Solmser Herren Burg Braunfels zu ihrem Stammsitz, was er bis heute noch für den gräflichen Familienzweig Solms-Braunfels geblieben ist. Im 13./14. Jh. entstanden Ansiedlungen rund um die Burg, die sich teilweise innerhalb und auch außerhalb der Befestigungsmauern befanden. 1607 erlangte Braunfels die Stadtrechte und litt danach sehr stark unter dem Dreißigjährigen Krieg, in dem sich die unterschiedlichsten Truppen die Klinke in die Hand gaben. Ein Brand im Jahr 1679 zerstörte einen Großteil von Stadt und Schloss. Mit dem Wiederaufbau des Schlosses wurde auch die Stadt auf das vor den Toren liegende Areal erweitert, darunter der noch heute bestehende Marktplatz mit seinen Fachwerkhäusern.

Der Zugang zum Schloss in Braunfels

Durch den Reichsdeputationshauptschluss 1803 fiel Braunfels zunächst an das Herzogtum Nassau, 1815 an Preußen. In der Folgezeit entwickelte sich in der Region der Eisenerzbergbau und mit der Aufnahme des Kurbetriebes entstand ein zweiter wichtiger Wirtschaftszweig. Nach dem Zweiten Weltkrieg begann der intensive Wiederaufbau mit Erweiterung des Stadtgebietes und der damit verbundenen Infra-

Schloss Braunfels

struktur. Für ihre Bemühungen um den europäischen Integrationsgedanken wurde Braunfels 1981 mit dem Europapreis ausgezeichnet. Ein Jahr später diente der Marktplatz mit seinem 250 Jahre alten Brunnen als Kulisse für den James-Bond-Film „Octopussy".

Nach einer wohlverdienten Pause in Braunfels müssen Sie nun wieder zurück auf den Camino. Dazu begeben Sie sich vom Marktplatz nach rechts in die Weilburger Straße, die Sie in einem großen Bogen rund um den Schlossberg abwärts zur L3451 bringt, der Sie noch einige Schritte folgen und die Sie dann nach rechts überqueren. Sie laufen danach zwischen der Weihermühle, dem großen Weiher und einem Campingplatz hindurch steil aufsteigend auf einem Asphaltweg immer am Waldrand entlang. Hier haben Sie zur Linken einen schönen Blick auf das Örtchen Philippstein mit der gleichnamigen Burgruine. Kurz bevor der Weg wieder die L3451 erreicht, verlassen Sie ihn nach rechts auf einen schmalen Pfad. An dessen Ende gehen Sie geradeaus auf dem breiten Waldweg weiter. Wenn Sie den Wald verlassen, gelangen Sie durch eine Allee von Apfelbäumen geradewegs an Ackerland, Wohnhäusern und einem Sportplatz vorbei auf dem Braunfelser Weg nach Hirschhausen (730 Ew., ▣ 35781, 🚌). An der Kreuzung mit dem Bermbacher Weg nehmen Sie gegenüber den schmalen Pfad entlang der Kirchmauer, passieren die meist verschlossene, achteckige ✝ evangelische Kirche aus dem Jahr 1763 und erreichen über eine Treppe die Waldstraße. Dieser folgen Sie nach links bis zur Kreuzung mit der Weiherstraße, auf der Sie ca. 30 m geradeaus bis zur Tiergartenstraße gehen, in die Sie nach links abbiegen. Hinter einer Rechtskurve biegen Sie nach rechts in den Postweg ab, der Sie zur ehemaligen ✝ Wallfahrtskirche Pfannstiel bringt.

✍   An der Tiergartenstraße (K412) liegt der 🦌 Tiergarten Weilburg. Falls Sie diesen besuchen möchten, bleiben Sie am Abzweig Pfannstiel auf der Tiergartenstraße und folgen dieser noch ca. 800 m. Die Ursprünge des Tiergartens gehen bis in das Jahr 1590 zurück, die Mauer stammt noch aus dem Jahr 1732.

Hinter dem Parkplatz des Wildparks endet auch der Fußweg und Sie müssen auf den Randstreifen der K412 ausweichen. Sie passieren den Hof Tiergarten und müssen ab dort noch ca. 400 m vorsichtig am linken Straßenrand bis zur Kreuzung mit der B456 zurücklegen. Nur wenige Schritte vor der Kreuzung erblicken Sie auf der anderen Seite einen Weg, der in den Wald hineinführt, dem Sie folgen. Hier treffen Sie nach ca. 150 m wieder auf den Lahn-Camino.

🦌   Tiergarten Weilburg, Tiergartenstraße, ☎ 064 71/62 62 84,
    ✉ info@wildpark-weilburg.de, 🖥 www.wildpark-weilburg.de, 🕐 Februar-September 9:00-19:00, Oktober und November 9:00-17:00, Dezember und Januar 9:00-16:30, Eintritt € 6 p. P.

Der Postweg wird ab der Zufahrt zum Hof Pfannenstiel zu einem geschotterten Wirtschaftsweg. Dort gehen Sie weiter geradeaus, lassen den Hof Pfannenstiel rechts liegen und erreichen nach ca. 500 m eine Waldkreuzung, an der Sie rechts die wenigen Überreste der ✝ Wallfahrtskirche Pfannstiel in Form von Mauerfragmenten vorfinden. Vielleicht verspüren Sie ja den Spirit der mittelalterlichen Wallfahrtstätte.

✝ Wallfahrtskirche Unserer Lieben Frau im Pfannstiel

Konkrete Daten zur Entstehung der kleinen Kirche gibt es nicht. Mitte des 15. Jh. waren es wohl die wundertätigen Ereignisse eines Marienbildes, das sich an oder in einem Baum westlich von Hirschhausen befand, die zur Gründung der „Gesellschaft und Bruderschaft des Rosenkranzes Unserer Lieben Frau zum Panstiel" anregten. Diese brachte entsprechende Mittel auf, um den Kirchenbau zu ermöglichen. Urkundlich erwähnt wurde die Kirche Unserer Lieben Frau und St. Johannes am 1. Mai 1461. Zunächst wurde die Kirche durch den Pfarrer von Weilburg betreut, 1471 erfolgte aber die Unterstellung unter die Johanniter-Kommende aus Niederweisel bei Butzbach. Inzwischen bekam das Anwesen eine Erweiterung durch den Bau des Hauses für den Prior, eines Wirtschaftsgebäudes und einer Herberge für Jakobspilger. Ende 1482 erfolgte die Übereignung an die Johanniter-Kommende Wiesenfeld bei Frankenberg/Eder. 1489 brannte die Kirche nieder,

das Marienbild blieb allerdings unversehrt. Die Kirche wurde wiederaufgebaut, dieses Mal noch prächtiger und mit fünf Altären versehen. Erst 1517 wurde der Bau vollendet. Mit dem Einzug der Reformation in der Grafschaft Weilburg wurden in der Kirche keine katholischen Gottesdienste mehr abgehalten und die Wallfahrtsstätte verwaiste allmählich. Graf Philipp III. zog schließlich 1538 den Landbesitz ein und ließ das Kircheninventar zugunsten der sich gerade im Bau befindlichen neuen Stadtkirche in Weilburg verkaufen. Einige Jahre gab es hier noch eine evangelische Gemeinde, die Nebengebäude verfielen jedoch im Laufe der Zeit. Schließlich verfügte der Landgraf um 1550 den Abriss der noch existierenden Kirche. Am vermuteten Standort des Altares wurde am 11. Juli 2009 ein Holzkreuz, das aus etwa 400 Jahre altem Eichenholz eines Weilburger Fachwerkhauses gefertigt und mit einem aus Tiroler Alpenstein versehenen Johanniter-Kreuz geschmückt ist, errichtet. Am 13. August 2011 wurde vor dem Kreuz ein Altar geweiht und eine neue Informationstafel aufgestellt.

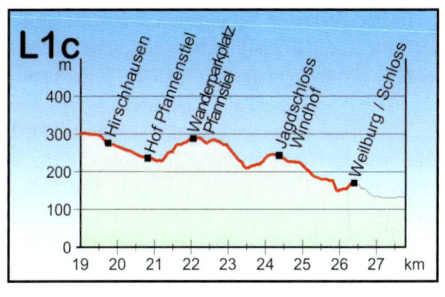

Gehen Sie nun auf dem etwas zerfurchten Weg geradeaus über die Kreuzung hinweg, an dessen Ende Sie auf einen breiten Schotterweg treffen. Diesem folgen Sie nach links, bis Sie nach weiteren 600 m an einer Kreuzung nach rechts abbiegen und den Wanderparkplatz Pfannstiel erreichen.

Pilgern Sie nun über den Wanderparkplatz und bleiben Sie auf dem schnurgeraden Weg bis zu einer T-Kreuzung, an der Sie sich nach rechts und nach weiteren 200 m nach links wenden. Bleiben Sie auf dem leicht abwärts führenden Weg, bis Sie an einer Ruhebank den Waldrand erreichen. Dort durchlaufen Sie eine Senke, flankiert von Ackerland. Einige Schritte hinter einer Hochspannungsleitung geht es weiter geradeaus, aber schon bald wieder leicht aufwärts am Waldrand entlang. Schließlich befinden Sie sich am ehemaligen Jagdschloss Windhof, das inzwischen als Wohnheim von der Staatlichen Technikakademie Weilburg genutzt wird.

Der Feldweg mündet nun in den Braunfelser Weg, dem Sie abwärts folgen. Ein kurzes Stück hinter dem Friedhof biegen Sie nach links in den Schmittbachweg ab, der auch über die kommende, größere Kreuzung verläuft. Schließlich erreichen Sie die Frankfurter Straße, in die Sie nach rechts einbiegen. Auf der gegenüberliegenden Straßenseite befinden sich die ✝ katholische Pfarrkirche Heilig Kreuz und das Pfarrbüro. In unmittelbarer Nähe ist der alte Friedhof mit einem Kalvarienberg und der ✝ Heilig-Grab-Kapelle, die der Grabeskirche in Jerusalem nachempfunden ist, sehenswert.

Laufen Sie weiter entlang der Frankfurter Straße und biegen Sie hinter einer Apotheke nach links ab zum König-Konrad-Platz mit dem Landtor, das 1768 vollendet wurde. Dort finden Sie auch eine Stele mit einer Jakobsmuschel aus Santiago de Compostela. Sie durchschreiten das Tor und betreten nun das Zentrum von Weilburg, wenden sich nach rechts in die Marktstraße und erreichen den Marktplatz, an den sich das Schloss mit den sehenswerten Gartenanlagen anschließt. Hier endet Ihre heutige Etappe.

Weilburg

13.300 Ew., ✉ 35781, 🚻 🚌 🚐 🛏 🏨
✖ 🍺 🍷 🎭 🏧 🎡 🚏 ✚ ✝ ⌘

🛈 ⊙　Tourist-Information, Schlossplatz 1, am Weg, ☎ 064 71/314 67,
　　　✉ tourist-info@weilburg.de, 🖥 www.weilburg.de, 🗓 April-Oktober täglich 10:00-
　　　17:00, November-März Mo-Fr 10:00-17:00

🛏✖　Hotel am Bahnhof, Bahnhofstraße 14, 500 m vom Weg, ☎ 064 71/62 94 40,
　　　✉ info@ambahnhof.com, 🖥 www.hotelambahnhof.com, EZ ab € 55, DZ ab € 70,
　　　5er-Appartement ab € 130, inkl. Frühstück

🛏　　Hotel Weilburg, Frankfurter Straße 27, 200 m vom Weg, ☎ 064 71/912 90,
　　　✉ info@hotel-weilburg.de, 🖥 www.hotel-weilburg.de, EZ ab € 40,
　　　DZ ab € 70, Frühstück € 5 p. P.

♜　　Schloss Weilburg, Schlossplatz 3, ☎ 064 71/912 70,
　　　✉ schloss.weilburg@schloesser-hessen.de, 🖥 www.schloesser-hessen.de,
　　　🗓 März-Oktober Di-So 10:00-16:00, November-Februar Di-So 10:00-15:00,
　　　Eintritt mit Führung € 5 p. P.

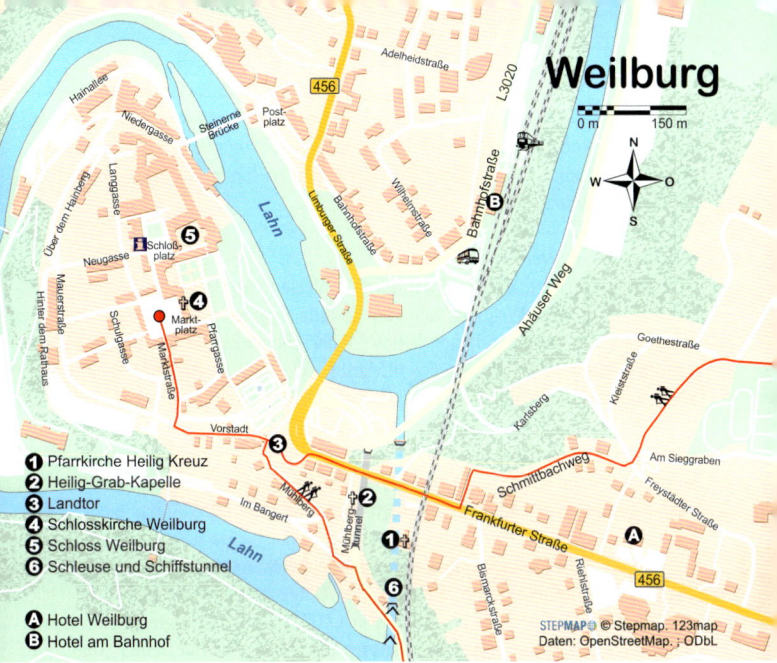

Weilburg

1 Pfarrkirche Heilig Kreuz
2 Heilig-Grab-Kapelle
3 Landtor
4 Schlosskirche Weilburg
5 Schloss Weilburg
6 Schleuse und Schiffstunnel

A Hotel Weilburg
B Hotel am Bahnhof

Sechs Jahre nach der ersten Nennung einer Festung Wilineburch in der Chronik von Abt Regino von Prüm im Jahr 906 gründete König Konrad I. das Chorherrenstift St. Walpurgis in unmittelbarer Nachbarschaft zu seinem Königshof. Die bevorzugte Lage sicherte ihm neben der Lahn auch die Kontrolle über wichtige Handelsstraßen. Nachdem Stadt und Stift um die Jahrtausendwende zunächst in den Besitz des Bistums Worms gelangten, wurden sie 1225 an die Grafen von Nassau verpfändet und schließlich 1294 verkauft. Nur ein Jahr später erhielt Weilburg die Stadtrechte und war ab 1355 Residenz des Hauses Nassau. In der Folge wurde die alte Stiftskirche gegen eine neue ausgetauscht, die nun dem heiligen Andreas geweiht war. Im 16. Jh. ließ Graf Philipp III. die alte Burg abreißen und errichtete an ihrer Stelle ein vierflügeliges Schloss. Mit der Reformation wurde das Walpurgisstift aufgelöst, die Kirche wurde lutherisch. Zu Beginn des 18. Jh. wurde das Stadtbild durch umfangreiche Baumaßnahmen verschönert, es entstanden die Parkanlagen und die Schlosskirche wurde erbaut. Von 1806 bis 1816 war Weilburg Regierungssitz des Herzogtums Nassau, das 1866 vom Königreich Preußen einverleibt wurde. Glücklicherweise blieb Weilburg im Zweiten Weltkrieg größtenteils von Zerstörungen verschont und spiegelt heute noch das Bild einer absolutistischen Kleinresidenz wider.

Heute ist Weilburg u. a. Sitz der Staatlichen Technikerakademie und weiterer, auch überregionaler Bildungseinrichtungen. Eine einzigartige verkehrstechnische Besonderheit sind die drei nebeneinanderliegenden Tunnel für Auto-, Eisenbahn- und Schiffverkehr.

✞ Schlosskirche Weilburg

Eine Theorie besagt, dass sich auf dem Lahnfelsen, auf dem sich das mittelalterliche Zentrum von Weilburg befindet, bereits in grauer Vorzeit eine keltische Mondkultstätte befunden haben könnte. Wahrscheinlicher ist da eher die Annahme der Existenz einer dem heiligen Martin von Tours geweihten Kapelle, bevor König Konrad I. in Wilineburch ein der heiligen Walpurga geweihtes Chorherrenstift samt dazugehöriger Kirche begründete, um das Seelenheil seines in einer Schlacht gefallenen Vaters zu sichern. Konrad der Ältere fand schließlich in der Stiftskirche seine letzte Ruhestätte. Graf Philipp I. ließ 1397 an diesem Standort die Nachfolgekirche St. Andreas bauen, die 1508 durch den Anbau eines Chores erweitert wurde. Der Patron des Chores wurde der heilige Martin. Nach der Einführung der Reformation im Jahr 1555 wurde das Walpurgisstift aufgelöst und die Kirche wurde lutherisch. Im Rahmen der Umgestaltung des Stadtkernes blieb auch die Stadtkirche nicht verschont. Von 1707 bis 1713 erfolgte im Zusammenhang mit der Erweiterung des Schlosses der völlige Neubau einer Stadt- und Schlosskirche mit Doppelfunktion für Hof und Bevölkerung. Miteinbezogen in den neuen Kirchenbau wurde das alte Rathaus, sodass vom Marktplatz lediglich der Blick auf den Kirchturm und die Rathausfassade frei geblieben ist. Einziges Überbleibsel der Vorgängerkirche ist der aus dem 14. Jh. stammende Kirchturm, der bis zum Hauptgesims erhalten blieb. Schwierig wurde die Gestaltung des Innenraumes. Neben den barocken Stilmerkmalen mit einer symmetrischen Anordnung und den lutherischen Ansprüchen, dass freie Sicht auf den Kanzelaltar herrschen sollte, musste auch den Anforderungen des absolutistischen Herrschaftssystems Rechnung getragen werden. So entstand ein rechteckiger Kirchenbau mit barockem Kanzelaltar auf der einen Seite und dem Platz des Herrschaftshauses gegenüber. Da es undenkbar war, dass die Gemeinde den Herrschenden den Rücken zuwandte, wurden als Kompromiss die Bankreihen an der Achse zwischen Altar und Loge ausgerichtet. Die Schlosskirche diente außerdem als Grabstätte der Herrscher des Hauses Nassau, zu denen auch Großherzöge von Luxemburg gehörten.

✞ Heilig-Grab-Kapelle

Auf dem mit einer kleinen Mauer umgebenen Alten Friedhof an der Frankfurter Straße befindet sich die Heilig-Grab-Kapelle mit dem Kalvarienberg, das älteste

Weilburg Schlosspark

zusammenhängende Bauensemble in Weilburg. Wer letztendlich für die Stiftung der zu Beginn des 16. Jh. erbauten Gruppe nach Jerusalemer Vorbild verantwortlich war, kann nur vermutet werden. Zum einen könnte es sein, dass der 1496 von einer Pilgerreise ins Heilige Land zurückgekehrte Graf Johann Ludwig I. von Nassau-Saarbrücken als Vormund und Mitregent seines Vetters, Graf Ludwig I. von Nassau-Weilburg, die Anregung gab. Andererseits wäre auch eine der damaligen Heiligen-Bruderschaften als Auftraggeber denkbar. Vermutlich wurde die Kapelle an dem Platz errichtet, an dem zuvor eine Marienkirche existierte. Im Mittelalter war die Kapelle das Ziel der österlichen Leidensprozessionen der Weilburger Gemeinde, die jedoch mit Einführung der Reformation ab 1526 endeten. Aufgrund baulicher Veränderungen am Weilburger Schloss wurde der dort gelegene Friedhof auf das Gelände neben der Heilig-Grab-Kapelle verlegt. Diese wurde ab dieser Zeit nur noch als Friedhofskapelle genutzt, aus Kapazitätsgründen in der Folgezeit auch mehrfach umgestaltet. Nachdem sie wegen Nichtnutzung immer mehr dem Verfall preisgegeben war, erfolgte 1866 eine grundlegende Renovierung. Seit dem Ende des Zweiten Weltkriegs wird die Kapelle, heute im Besitz der evangelischen Gemeinde, wieder für Andachten, Hochzeiten oder Taufen genutzt.

⌘ Schiffstunnel

Die Lahn war bereits im Mittelalter von der Mündung in den Rhein bei Lahnstein bis nach Diez schiffbar. Nachdem sich zum Beginn des 19. Jh. das Herrschaftsgebiet der Herzöge von Nassau erweiterte, stieg das Interesse, weitere Abschnitte für Schiffe zugänglich zu machen. Hierbei spielten wirtschaftliche Aspekte wie z. B. der Transport von Eisenerzen aus dem Gießener Raum eine wesentliche Rolle. Bereits 1838 gab es Pläne, den Bergrücken bei Weilburg mit einem Tunnel zu versehen. Es dauerte aber noch fünf Jahre bis zur Auftragserteilung und weitere zwei Jahre bis zur Fertigstellung. Am 18. September 1847 wurde der Schiffstunnel seiner Bestimmung übergeben. Die Bedeutung der Lahnschifffahrt ging allerdings schon rasch verloren, da ab 1858 mit dem Bau der wesentlich effizienteren Lahntalbahn begonnen wurde. Dennoch ist der 195 m lange Tunnel durch den Mühlenberg heute der älteste noch genutzte Schiffstunnel Deutschlands.

Etappe 2: Von Weilburg nach Villmar

⮌ 24,6 km, ⧖ 6 Std., ↑ 445 m, ↓ 469 m, ⇧ 129-316 m

0,0 km	⇧ 161 m	Weilburg (Marktplatz) 🛈 🚐 🚌 🛏 🏠 🍴 ☕ 🍷 🍽 BANK 🌺 🚻 ✚ ⌘
6,1 km	⇧ 190 m	Freienfels (Burgruine) 🚐 🍽 🍷 ♖
8,6 km	⇧ 173 m	Weinbach (evangelische Kirche) 🚐 🍽 BANK 🌺 🚻
11,6 km	⇧ 252 m	Elkerhausen (Sportplatz) 🚐 BANK
16,4 km	⇧ 231 m	Langhecke (Dorfplatz) 🚐 🛏 🏠 🍴
24,6 km	⇧ 137 m	Villmar (Pfarrkirche St. Peter und Paul) 🛈 🚐 🚌 🛏 🍴 🍽 BANK 🌺 🚻 ✤ ⌘

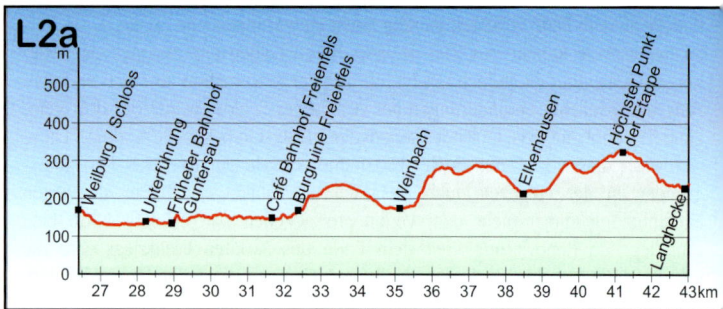

Nach einer flachen Passage zu Beginn Ihres heutigen Tageswerkes entlang der Lahn und durch das Weiltal erwartet Sie anschließend eine recht hügelige Etappe durch den Naturpark Hochtaunus. Auf Ihrem Weg zur Lahngemeinde Villmar durchlaufen Sie großflächige Waldgebiete und erleben Natur pur. Zwischendurch streifen Sie durch kleine Dörfer, müssen dort aber zumeist mit einem nachfolgenden Anstieg rechnen.

Vom Marktplatz mit der Schlosskirche gehen Sie zunächst durch die Marktstraße zurück zum Landtor, wo Sie rechts hinunter zur Lahn absteigen und sich nach links zum Schiffstunnel begeben. Überqueren Sie den Schleusenkanal und wandern Sie nach rechts auf dem asphaltierten Leinpfad entlang der Lahn. Bleiben Sie rund 1 km auf dem Leinpfad, bis Sie kurz hinter einer Brücke, die über die Mündung des Weilbachs in die

Lahn führt, an einem Wegweiser nach links durch eine gemauerte Unterführung ins Weiltal in Richtung Weilmünster abbiegen. Hinter der Unterführung geht es aufwärts zu einem asphaltierten Wirtschaftsweg, auf dem Sie sich rechts halten und an die L3323 gelangen. Dieser folgen Sie auf der anderen Straßenseite nach links und laufen über eine Brücke und einen Parkplatz. Am früheren Bahnhof Guntersau biegen Sie nach rechts ins Weiltal ab und bleiben zunächst auf dem Fußweg entlang der L3025. Vor einer mit einer Hecke umrandeten Wohnanlage geht es rechts über den Weilbach und anschließend links auf dem Weiltalweg weiter. Schon bald stehen Sie vor einer Gabelung, wandern dort links weiter und erreichen nach ca. 1,5 km den ☕ Bahnhof Freienfels, der inzwischen zum Café mit Biergarten umgebaut wurde und Wanderer oder Fahrradfahrer zum Verweilen einlädt.

☕   Café Bahnhof Freienfels, Mühlwiese 15, am Weg, ✉ post@bahnhof-freienfels.de,
📖 www.bahnhof-freienfels.de, 🕐 Sa, So, FT 11:00-18:00

Kurz hinter dem Bahnhof durchlaufen Sie bereits die ersten Straßen von Freienfels (460 Ew., 📮 35796, 🚌 🛒 ☕ 🏰) und passieren ein Seniorenheim. An einer Kreuzung finden Sie einen Wegweiser mit Infotafel vor, überqueren dort die Straße geradeaus und verlassen das Dorf auf einem asphaltierten Weg. Nach 400 m biegen Sie nach rechts auf einen schmalen Wanderpfad durch den Wald ein, der zu Beginn mit einem Holzgeländer versehen ist. Der Pfad schlängelt sich nun aufwärts zur Ruine Freienfels.

🏰 Burg Freienfels

Konkrete Nachweise über die Entstehungsgeschichte der auf einem Bergsporn erbauten Burg sind nicht vorhanden. Vermutungen lassen den Schluss zu, dass sie gegen Ende des 13. Jh. durch die Grafen von Diez-Weilnau als Trutzbau gegen die expandierenden Bestrebungen von Graf Adolf von Nassau in Auftrag gegeben wurde. Zudem verlief in der Nähe die bedeutende Hessenstraße vom Mittelrhein nach Kassel sowie die alte Handelsstraße von Frankfurt nach Köln. Eine erstmalige urkundliche Erwähnung geschah 1327 im Testament von Siegfried von Runkel aus dem Hause Weilnau, dem die Burg verpfändet worden war. Die Nassauer kauften sie 1331 von den Erben und gelangten so ohne Blutvergießen in ihren Besitz. Schließlich wurde die baufällige Burg samt Dorf 1466 dem Ritter Johann von Schönborn als Lehen gegeben, dessen Familie in den folgenden 220 Jahren die Burg bewohnte. Nachdem im ausgehenden 18. Jh. die Burg nicht mehr bewohnt wurde und allmählich verfiel, wurde sie von den Freienfelsern als Steinbruch genutzt. Heute lässt ein Förderverein das Mittelalter lebendig werden und organisiert jährlich die Freienfelser Ritterspiele.

Burg Freienfels

🚶🚶   Von der Burgruine laufen Sie nun durch die Burgstraße, die an einem Brunnen halb links in die Brunnenstraße mündet. Dieser folgen Sie an der Feuerwache vorbei aus dem Dorf heraus und wandern erneut leicht ansteigend zunächst an einem Gehöft vorbei, dann durch Wiesen und Felder auf einen Hochbehälter und den Waldrand zu. Deutlich davor biegt der asphaltierte Wirtschaftsweg nach rechts ab und bringt Sie nach knapp 1 km nach Weinbach (4.500 Ew., ✉ 35796, 🚌 🛒 🏧 🌸 👤). Halten Sie sich zunächst rechts und bleiben Sie auf der Langschiedstraße, bis Sie auf die Weilburger Straße treffen und rechts weitergehen. Nach nur wenigen Schritten geht es auf der gegenüberliegenden Seite in den Backhausweg, der Sie unterhalb der ✝ evangelischen Kirche entlangführt. Danach erreichen Sie die Grävenecker Straße, der Sie links bis zur Elkerhäuser Straße folgen.

🐾 ⊙   Nicht weit von hier befindet sich rechter Hand die Gemeindeverwaltung von Weinbach, bei der man Ihnen zu den Öffnungszeiten gerne den Pilgerpass stempelt (Elkerhäuser Straße 17, 🚪 Mo, Do, Fr 9:00-12:00, Di 7:00-12:00, Mi 15:00-19:00).

Es folgt nun der anspruchsvollste Teil der heutigen Etappe mit einem ständigen Wechsel von bergauf und bergab führenden Passagen. An der Kreuzung mit der Elkhäuser Straße gehen Sie nach links und biegen nach wenigen Schritten rechts in die Aulenhäuser Straße, die Sie nach rund 300 m wieder nach rechts in die Mauerstraße verlassen. Am Waldrand angekommen folgen Sie hinter einem Schuppen dem rechts aufwärts führenden Wiesenweg in den Wald hinein. Es folgt eine T-Kreuzung und danach eine weitere Kreuzung, an denen Sie jeweils links weitergehen. Wenn Sie aus dem Wald treten, erreichen Sie eine größere Ackerfläche und bleiben auf dem Weg in Richtung des am Horizont sichtbaren Waldrandes. Dort angekommen wählen Sie den Wiesenpfad zu Ihrer Rechten am Waldrand entlang, der später zu einem Schotterweg wird und Sie bis nach Elkerhausen (700 Ew., 🖃 35796, 🚌 🏦) leitet. Dort passieren Sie den Sportplatz und folgen der abwärtsführenden Straße. Nach einer Linkskurve geht es an der nächsten Kreuzung nach rechts und an einer weiteren Kreuzung scharf nach links in die Obergasse oberhalb an einer großen Freifläche vorbei. An der folgenden Gabelung halten Sie sich rechts und gehen bis zur L3021. Wechseln Sie vorsichtig die Straßenseite und laufen nach links weiter.

Nach ca. 300 m biegen Sie nach rechts in Richtung Kleinweinbach ab und dahinter noch einmal rechts auf einen Wiesenweg, der zwischen Waldrand und einer eingezäunten Weide sowie einem Acker zunehmend ansteigt und an einer interessanten Skulptur endet. Dort angekommen biegen Sie nach links ab und befinden sich nun auf einem fast schnurgeraden Waldweg. Rund 1,5 km nach dem Abzweig erreichen Sie am höchsten Punkt der heutigen Etappe eine aus einem Baumstamm hergestellte Ruhebank mit einem Wegweiser aus Holz und wenden sich nach rechts in Richtung Langhecke. Auch dieser Waldweg führt Sie ohne Schnörkel geradeaus nach Langhecke.

Langhecke   230 Ew., 🖃 65606, 🚌 🛏 🏠 ✕

🏠 ⊙ Pilgerherberge im Pfarrgemeinde-Zentrum, Kirchstraße 4a, Kontakt über Pfarrei Heilig Geist Goldener Grund-Lahn, ☎ 064 83/91 10 03,
　　📧 siebenbrueder@t-online.de oder Familie Gilberg, ☎ 064 74/13 29,
　　📧 gilbergwolfgang@googlemail.com, nur nach vorheriger Anmeldung und mit Pilgerpass (Matratzenlager, eingerichtete Küche, fließend kaltes Wasser), Spendenbasis

🚶 In Langhecke an der L3063 angekommen wenden Sie sich nach rechts und wechseln auf Höhe eines Hotels in die leicht ansteigende Straße Zur Gottesgabe auf der anderen Seite, die bald in einen Waldweg mündet. Bleiben Sie auf diesem Weg, der sich nach rund 200 m und einer Linkskurve für fast 4 km, bei-

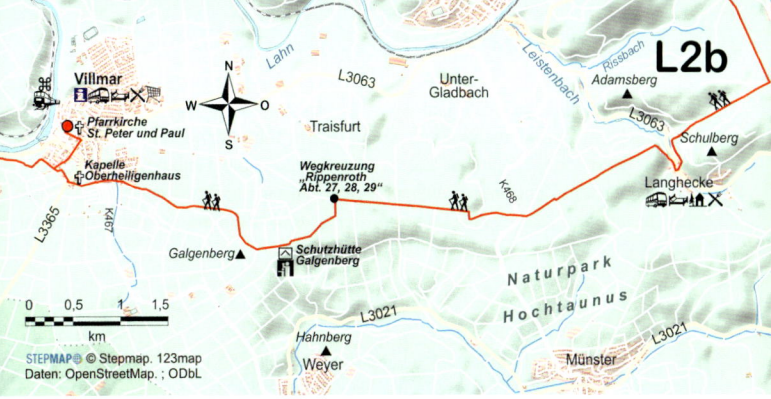

nahe schnurgerade, durch den Wald zieht. Ignorieren Sie auf jeden Fall sämtliche Abzweige. Unterwegs überqueren Sie die K468, halten sich an der Gabelung rechts und laufen anschließend wieder geradeaus, bis

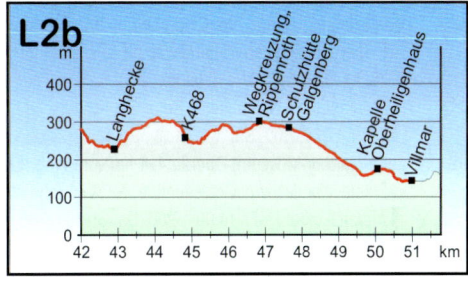

Sie ein Wegekreuz mit einer Gedenktafel von 1735 erreichen. In der Folge ist Ihre Aufmerksamkeit gefragt, denn nach 1 km müssen Sie an einer größeren Wegkreuzung, die Sie an dem Schild mit der Gemarkungsbenennung „Rippenroth Abt. 27, 28, 29" erkennen, nach links abbiegen. Bleiben Sie auf dem Kiesweg, der an einer Ruhebank eine Rechtskurve beschreibt. Schließlich gelangen Sie an den Waldrand, wo sich die Schutzhütte Galgenberg befindet.

Von hier oben haben Sie einen schönen Ausblick auf Ihr Tagesziel Villmar.

Vom Galgenberg windet sich ein asphaltierter, von Bäumen gesäumter Wirtschaftsweg abwärts zum Marktflecken Villmar. Auf Höhe der ersten Häuser wandern Sie weiter geradeaus durch die Straße Am Galgenberg, überqueren danach die K467 und laufen in die Straße Am Weyerer Kreuz. Kurz vor der L3365 passieren Sie einen Steinmetzbetrieb, der bereits vor vielen Jahren an der Einfahrt eine Stele mit einer Jakobsmuschel platziert hat. Gegenüber befindet sich das Oberheiligenhaus, eine kleine Kapelle, die erstmals 1669 erwähnt wurde. Hier queren Sie die Landstraße und gehen gegenüber rechts an einer Scheune vorbei.

Der Weg führt Sie über eine Linkskurve an das erste Haus, wo Sie rechts abbiegen und kurz darauf rechts einer steil abwärts führenden Straße in die Stadt folgen. Diese bringt Sie über die Schafsgasse und die Limburger Straße zum Brunnenplatz im Zentrum von Villmar, wo Sie links in die Peter-Paul-Straße gehen und die heutige Jakobsweg-Etappe an der ✝ ⊙ Pfarrkirche St. Peter und Paul beenden.

Villmar   6.900 Ew., 📧 65606,

ℹ️ Tourist-Information (Standesamt), König-Konrad-Straße 12, 100 m vom Weg,
    ☎ 064 82/60 77 20, 🖥 www.marktflecken-villmar.de, 🕐 Mo-Do 8:00-12:00,
    Do 14:00-18:00, Fr 8:00-12:30

🛏 Gästezimmer Villmar, Am Kuhgraben 5, 100 m vom Weg, ☎ 064 82/25 03,
    ✉ fremdenzimmer-villmar@web.de, 🖥 www.fremdenzimmer-villmar.jimdo.com,
    EZ € 30, DZ € 50, inkl. Frühstück

✕ Restaurant Zum Rathauseck, Peter-Paul-Straße 28, ☎ 064 82/54 11,
    🕐 Di-Fr 17:00-1:00, Sa 15:00-1:00, So 10:00-24:00

⌘ Lahn-Marmor-Museum, Oberau 4, 1 km vom Weg, ☎ 064 82/607 55 88,
    ✉ info@lahn-marmor-museum.de, 🖥 www.lahn-marmor-museum.de,
    🕐 März-Oktober Di-Fr 14:00-17:00, Sa, So 10:00-17:00, Eintritt € 4,50 p. P.

Weg durch Villmar

Eine erstmalige urkundliche Erwähnung erfuhr Villmar durch die Schenkung des Königshofes Villmar durch Kaiser Heinrich III. an die Abtei St. Matthias in Trier im Jahr 1053. Gleichzeitig wurde dem Abt das Recht eingeräumt, einen Vogt zur Wahrung seiner Interessen einzusetzen. Ab dem 13. Jh. waren dies die Grafen von Isenburg, auf die auch die nahegelegene Burg Gretenstein zurückgeht. In der Folgezeit wechselte die Landeshoheit zwischen den in der Umgebung ansässigen Adelshäusern. 1346 wurde Villmar das Stadtrecht verliehen, jedoch untersagten Klostergrund- und Vogteiherren die Umsetzung. So blieb Villmar bis in die heutige Zeit lediglich ein mit Burg, Mauer und Wehrtürmen versehener Marktflecken. Schon früh bemühte sich der Trierer Kurfürst um das Territorium, erlangte es aber erst Mitte des 16. Jh., während die Abtei St. Matthias bis 1803 mit den Einnahmen als Grundherr wirtschaften konnte. Auf diese langjährige Verbindung von Trier und Villmar verweist heute noch die Mattheiserstraße sowie die Symbole Schlüssel und Axt für Petrus (als Patron von Trier) und Matthias (für die Abtei) im 1970 verliehenen Gemeindewappen. Wirtschaftliche Bedeutung erlangte Villmar durch den ab dem 16. Jh. nachgewiesenen Marmorabbau in zwölf verschiedenen Steinbrüchen. Der Lahnmarmor war neben Silber und Eisenerz ein gefragter Rohstoff, wurde aber Mitte des 20. Jh. durch billigere Importe mehr oder weniger vom Markt gedrängt. Heute ist Villmar ein bevorzugter „Wohn"-Ort, deren Einwohner sich in den günstig gelegenen Städten der näheren Umgebung ihr Geld verdienen.

Villmar mit Pfarrkirche Peter und Paul

✝ ☉ Katholische Pfarrkirche St. Peter und Paul

Aus dem 13. Jh. existiert eine Bilddarstellung einer Kapelle am damaligen Königshof Villmar. Auf der Rückseite einer Staurothek der Abtei St. Matthias in Trier ist die Schenkung des Hofes an die Abtei an der Mosel durch Kaiser Heinrich III. im Jahr 1053 dargestellt. 1281 ist in einer Urkunde von einer „alten Basilika" die Rede. Es ist bis in die heutige Zeit nicht nachweisbar, wer den Bau dieser oder vielleicht auch weiterer Vorgängerkirchen veranlasste. In den Archiven sind noch weitere bildliche Nachweise einer Kirche in Villmar vorhanden. Der kurtrierische

Hofbaumeister Ravensteyn erstellte nach einem Brand im Mai 1699 einen Stadt-plan und hielt darauf den Grundriss der Kirche fest. Auf einem Festungsplan der Stadt aus der Feder des Benediktiners Wendelinus Heinster, der von 1742-1760 als Kaplan, Verwalter und Archivar eingesetzt war, ist die Kirche schemenhaft ein-gezeichnet.

Im ausgehenden 17. Jh. war die Gemeinde bemüht, die alte Basilika zu erhal-ten und beauftragte Handwerker mit den notwendigen Ausbesserungsarbeiten. Dennoch litt das Gebäude weiterhin, sodass 1745 das Dach samt Gewölbe wegen akuter Einsturzgefahr entfernt wurde. Am 26. April 1746 wurde endlich der Grundstein für die heutige Kirche gesetzt. Die Jahreszahl findet man heute noch über der alten Außentür zum Chorraum eingemeißelt. Rund drei Jahre spä-ter war die neue Kirche St. Peter und Paul fertiggestellt. Die Ausgestaltung der Kirche erfolgte im Stil des zeitgemäßen Spätbarocks. Dabei wurde für das Inte-rieur vor allem der heimische Lahnmarmor verwendet. Bereits 1491 befand sich in der Vorgängerkirche ein Jakobus- und Matthias-Altar. Heute findet man den barocken Jakobusaltar unmittelbar auf der rechten Seite hinter der Kanzel. Am Schriftenstand im hinteren Teil der Kirche liegt für die Pilger auch ein Stempel bereit.

Etappe 3: Von Villmar nach Diez

⮑ 20,8 km, ⏳ 5 Std., ↑ 215 m, ↓ 246 m, ⇧ 107-170 m

0,0 km	⇧ 137 m	Villmar (Pfarrkirche St. Peter und Paul)
5,1 km	⇧ 146 m	Runkel (L3022)
10,9 km	⇧ 132 m	Eschhofen (Pfarrkirche St. Antonius)
13,7 km	⇧ 132 m	Limburg (Dom St. Georg)
20,8 km	⇧ 107 m	Diez (Marktplatz)

Die Streckenlänge der dritten Etappe wurde bewusst etwas kürzer gewählt, damit Sie ausreichend Zeit für die Sehenswürdigkeiten am Weg haben. Zunächst pilgern Sie – oftmals die Lahn im Blick – nach Runkel mit der märchenhaften Burg im Zentrum. Ihr nächstes Zwischenziel ist die Kreis- und Bischofsstadt Limburg mit dem romanischen Dom St. Georg. Danach geht es noch am Schloss Oranienstein vorbei in die alte Grafenstadt Diez.

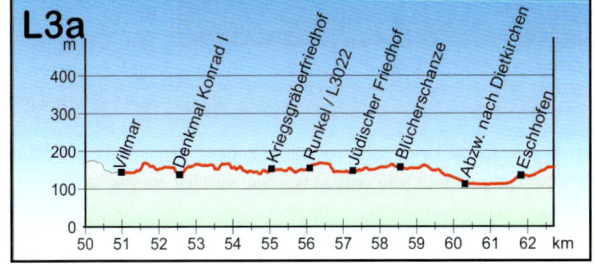

Um Villmar zu verlassen, nehmen Sie das letzte Stück Weg von gestern in umgekehrter Richtung. Sie starten dafür an der Valeriuspforte an der Pfarrkirche und gehen durch die Peter-und-Paul-Straße in Richtung Zentrum. Am Brunnenplatz wenden Sie sich nach rechts und folgen der Limburger Straße, die bald zur Schafgasse wird. Auf Höhe des Hauses Nr. 3 teilt sich die Straße, hier halten Sie sich rechts und gehen geradeaus steil aufwärts. Sie erreichen den vom Vortag bekannten Feldweg, in den Sie nun nach rechts einbiegen. Bald passieren Sie zwei Ruhebänke mit ☗ Blick auf die Villmarer Lahnbrücke. Es geht weiter durch einen Tunnel aus „verwunschenen" Sträuchern. Danach lohnt es sich, nach einem kurzen Anstieg einen weiteren Aussichtspunkt auf der rechten Seite aufzusuchen. Dort ist auch das Friedenskreuz platziert, das erstmals 1946 von Kriegsheimkehrern aus Holz errichtet wurde. 1991 wurde das Kreuz vom Villmarer Jahrgang 1930/31 durch ein neues aus Lahnmarmor ersetzt. Wieder zurück auf dem Camino werden Sie auf einem schmalen Pfad an der steil abfallenden Hangkante an die L3063 geführt. Es ist erhöhte Aufmerksamkeit erforderlich, da sich hier eine etwas unübersichtliche Kurve befindet.

König Konrad Denkmal an der Lahn

👉 Auf der gegenüberliegenden Seite befindet sich ein Parkplatz mit Rastmöglichkeiten. Von dort gelangen Sie zu einer Plattform auf dem Bodenstein, einem fast steil abfallenden Felsen an der Lahn, mit dem Denkmal für Konrad I. Dieser war 911-918 König des Ostfrankenreiches, dessen Gebiet als Vorläufer des Heiligen Römischen Reiches gilt und sich in weiten Teilen mit dem heutigen Deutschland deckt. Er wird heute als erster deutscher König angesehen.

Gehen Sie an der Straße vorsichtig entlang des linken Straßenrandes bis zum Beginn einer scharfen Rechtskurve. Hier zweigt ein asphaltierter Feldweg nach links ab, dem Sie aufwärts an einem Schuppen vorbei folgen. Rund 100 m weiter biegen Sie rechts auf den Wiesenweg zwischen Waldrand und Acker ab. Nach 1 km beschreibt der Weg unterhalb einer Ruhebank eine Linkskurve, führt dort durch eine Senke und zweigt wenig später an einem Hochsitz rechts in den Wald ab. An der kommenden Gabelung halten Sie sich links. Kurz darauf überqueren Sie den kleinen Ansbach, der Sie nun abwärts durch unberührten Wald begleitet. An der folgenden Gabelung mit Ruhebank gehen Sie geradeaus, bis Sie am nächsten Abzweig über mehrere Serpentinen aufwärts einen 📷 Aussichtspunkt erreichen, an dem Sie einen idyllischen Blick auf das Lahntal genießen können. Den Aussichtspunkt im Rücken geht es an der Gabelung rechts weiter.

Ab hier umrunden Sie noch einmal einen Acker, an dessen Ende Sie an den 1968 eingeweihten Kriegsgräberfriedhof von Runkel gelangen, auf dem 239 Soldaten, Zivilisten und Kriegsgefangene ihre letzte Ruhe gefunden haben. Danach treffen Sie auf einen Wendehammer und erste Häuser. An der Kreuzung biegen Sie nach rechts in die Straße Kappesborder Berg ein, überqueren die K456 nach links und gehen anschließend nach rechts in den Ellersweiherweg. An einer Dreifachgarage pilgern Sie auf dem Wiesenweg vor Ihnen weiter, der sich zu einem Waldpfad wandelt. Betrachten Sie hier einmal genauer die Bäume: Dort hängen viele bunte Vogelnistkästen. Schließlich befinden Sie sich an der L3022.

☺ ⚐ Hier haben Sie nun die Möglichkeit, dem Städtchen Runkel einen Besuch abzustatten. Sie verlängern dadurch die Etappe um ca. 2 km. Wenden Sie sich nach rechts und bleiben Sie auf dem Fußgängerweg. An der nächsten Kreuzung gehen Sie nach rechts in die Obertorstraße und gelangen so in das mittelalterliche Zentrum von Runkel mit der Burg. Wenn Sie genügend Zeit haben, ist ein kurzer Abstecher an die Lahn lohnenswert.

📷   Nur vom anderen Ufer ist das Ensemble mit der jahrhundertealten Lahnbrücke, der Burg und den hübschen Fachwerkhäusern zu sehen – ein Postkartenmotiv!

Burg Runkel und die mittelalterliche Lahnbrücke

Runkel
9.500 Ew., ✉ 65594, 🛈 🚐 🚌 ⛴ △ ✕ 🍺 ⛩ 🏦 ♀ 🐾 ⚓

🛈   Tourist-Information, Burgstraße 23, 500 m vom Weg, ☎ 064 82/91 61 60, ✉ info@stadtrunkel.de, 🖥 www.runkel-lahn.de, 🕐 April-Oktober Mo-Fr 10:00-13:00 und 14:00-17:00, Sa, So, FT 10:00-13:00, November-März Mo-Fr 10:00-13:00 und 14:00-16:00

- Pension Unterm Burgfels, Burgstraße 18, 500 m vom Weg, ☏ 064 82/60 84 81, ✉ unterm-burgfels@web.de, 🖥 www.untermburgfels-runkel.de, EZ ab € 45, DZ ab € 62, Dreibettzimmer ab € 93, inkl. Frühstück
- ♦ Pension Büttner, Burgstraße 41, 550 m vom Weg, ☏ 064 82/45 54, EZ ab € 42, DZ ab € 58, inkl. Frühstück
- ⚠ Lahntours-Campingplatz Runkel, Campingplatz 1, 450 m vom Weg, ☏ 064 82/91 10 22, ✉ campingplatz@lahntours.de, 🖥 www.lahntours.de, 🗓 Mai-Oktober, € 9 p. P., 🐕
- ✗ Ristorante Amalfi, August-Gerhardt-Straße 1, 1,2 km vom Weg, ☏ 064 82/94 93 60, 🗓 Mo, Mi-So 11:30-14:30 und 17:30-22:30
- ♜ Burg Runkel, Schloßplatz 2, 400 m vom Weg, ☏ 064 82/94 14 72, ✉ info@burg-runkel.de, 🖥 www.burg-runkel.de, 🗓 April-Oktober Di-So 10:00-17:00, Eintritt € 4 p. P.

Weg durch Runkel

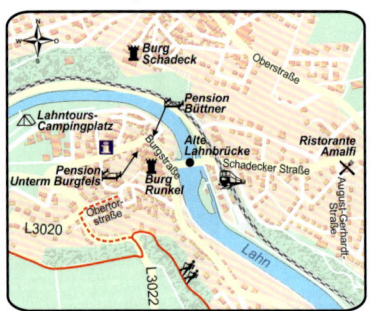

Die Geschichte der Stadt Runkel ist eng verbunden mit der gleichnamigen Burg, die sich auf einem an die Lahn angrenzenden Felsen befindet. Einer Legende nach soll ein Ritter aus dem Gefolge von Karl dem Großen im 8. Jh. zum Gedenken an die Schlacht gegen die einheimischen Basken bei Roncesvalles (heute nutzen die Pilger die dortige Herberge nach der Überquerung der Pyrenäen als erste Station in Spanien auf dem Camino Francés) die Burg hier erbaut und ihr den Namen Ronkeval gegeben haben.

Tatsächlich wurde ein Siegfried von Runkel erstmals 1159 – und damit auch der Ort – urkundlich als Bürge für die Gräfin Beatrix von Laurenburg bei der Belehnung mit der Burg Nassau durch den Trierer Erzbischof Hillin genannt. Es wird angenommen, dass er als Sachwalter von Kaiser Friedrich Barbarossa in dessen Auftrag für den Bau der Burg verantwortlich war. Ziel war wohl die strategische Sicherung des Lahnübergangs, der allerdings erst 1448 mit einer Brücke versehen wurde, die noch heute in ihrem ursprünglichen Zustand existiert.

1543 verbrachte Martin Luthers Freund Philipp Melanchton eine Weile auf Burg Runkel und rund 25 Jahre später wurde in der Herrschaft die Reformation eingeführt. Nachdem im Dreißigjährigen Krieg Stadt und Burg durch österreichische Truppen nahezu dem Boden gleichgemacht wurden, erfolgte schon bald der Wiederaufbau der Burganlage. Allerdings überließ man die zerstörte Kernburg ihrem Schicksal und erweiterte stattdessen andere Gebäudeteile zu Wohnzwecken.

Schon früh zerstritt sich die Herrscherfamilie und spaltete sich in die Linien Runkel und Westerburg auf. Nach dem Tode von Fürst Friedrich Ludwig 1824 erlosch die Linie Wied-Runkel dann und die Besitztümer gingen an die Linie Wied-Neuwied, die heute noch Eigentümer der Burg ist.

Aufgrund einer bevorzugten klimatischen Lage wurde rund um Runkel ab dem 13. Jh. Weinanbau betrieben, der aber wegen eines Schädlingsbefalls 1929 aufgegeben werden musste. Heute ist Runkel ein beliebter Wohnort vor den Toren von Limburg mit guten Verkehrsanbindungen auch zum Rhein-Main-Gebiet.

🚶 Für die Fortsetzung des Lahn-Caminos biegen Sie an der L3022 nach links ab, überqueren diese nach der Kurve vorsichtig auf Höhe eines Hinweisschildes für Gottesdienste in Runkel und wandern wiederum auf einem Feldweg zwischen Wald und Acker weiter.

🏰 Hier haben Sie einen schönen Ausblick auf Runkel mit ♜ Burg Schadeck, die im ausgehenden 13. Jh. als Trutzburg gegen Burg Runkel gebaut wurde.

Kurz darauf geht es an einer Ruhebank und auf dem Schotterweg weiter geradeaus. An der Hütte des Jugendwanderbundes Lahngold gehen Sie weiter und erreichen die L3020, der Sie ca. 100 m nach rechts abwärts auf dem Gehweg folgen. Nutzen Sie den Pfad in den Wald auf der gegenüberliegenden Seite zu Beginn der Leitplanke und bleiben Sie für etwas mehr als 2 km auf dem schattigen Waldpfad. Unterwegs passieren Sie den jüdischen Friedhof von Runkel (es existieren heute noch Grabsteine aus der Mitte des 19. Jh. bis 1933) und die Blücherschanze. Bei Letzterer handelt es sich um eine militärische Befestigungsanlage, die Ende des 18. Jh. von österreichischen Verbänden zum Schutz vor französischen Truppen angelegt wurde. Ein Denkmal von 1926 erinnert an 250 preußische Soldaten, die hier 1813 bestattet wurden.

Ca. 300 m hinter der Blücherschanze müssen Sie an einer großen Kreuzung mit Ruhebank dem Weg nach links in Richtung eines Fußballplatzes folgen. An dessen vorderer Ecke geht es nach rechts wieder in den Wald hinein. Eine große Informationstafel weist auf den hier vorhandenen Waldfriedhof hin. An Ende des Waldes wenden Sie sich an einer Gabelung nach links und gehen dann über die Wiese und an der Baumreihe entlang wieder in den Wald.

Nach ca. 300 m halten Sie sich links, erreichen nach weiteren 200 m den Waldrand und biegen nach links ab. Sie wandern am Waldrand entlang, passieren einen hölzernen Bildstock und erreichen das Ende des Waldstückes. In der Ferne erhebt sich im Limburger Stadtteil Dietkirchen (1.700 Ew., ⌑ 65553, 🚌 BANK 🕆) auf der anderen Seite der Lahn auf einem Kalksteinfelsen die lohnenswerte romanische 🕆 Basilika St. Lubentius.

✎   Nach Dietkirchen gelangen Sie von der Ecke des Waldstückes zunächst nach rechts auf einem Wiesenweg, danach über einen mit Laubbäumen gesäumten Teerweg und in dessen Verlängerung über die Fußgängerbrücke über die Lahn. Hinter der Brücke gehen Sie nach rechts an der Lahn entlang und biegen in die zweite Straße (Lahnstraße) links ein. Rund 100 m weiter führen Sie ein schmaler Weg nach rechts und anschließend einige Treppenstufen hinauf zur Kirche. Der Rückweg ist identisch, die zusätzliche Strecke beträgt rund 2,5 km.

🕆 Katholische Pfarrkirche St. Lubentius

Die Geschichte der romanischen Basilika, hoch oben auf einem Kalksteinfelsen erbaut, ist eng mit dem heiligen Lubentius, der zu Lebzeiten im 4. Jh. an der Lahn im Auftrag des Trierer Bischofs missioniert haben soll, verbunden. Nach seinem Tod im Moselort Kobern hat sich einer Sage nach ein Boot mit seinem Leichnam über Mosel, Rhein und Lahn bis zu einer von ihm angeblich erbauten Kirche bewegt. Dort sei er beigesetzt worden. Tatsächlich wurden seine Überreste wohl erst im 9. Jh., kurz vor der ersten urkundlichen Erwähnung eines Stiftes in Dietkirchen im Jahr 841, überführt.

Erste Nachweise einer kleinen Saalkirche stammen aus dem 8. Jh., also gut 100 Jahre vor der vermuteten Gründung des Stiftes. Um die Jahrtausendwende sind wieder vermehrt Bautätigkeiten nachgewiesen. Dabei wurde die Kirche als romanische Basilika völlig neu konzipiert. In weiteren Bauphasen von der zweiten Hälfte des 11. Jh. bis ins 13. Jh. erhielt die Kirche durch weitere Um- und Erweiterungsbauten das heutige Aussehen. In der Lubentiuskapelle befindet sich heute die Ruhestätte des Heiligen in einem Sandsteinsarkophag unter dem Altar. Von Bedeutung für den Jakobspilger ist eine Statue des Pilgerheiligen, die um das Jahr 1500 entstanden ist, im Eingangsbereich der Kirche.

Setzen Sie Ihren Weg ab der Waldecke geradeaus fort, bis Sie an einer T-Kreuzung auf den Emsbach treffen, dessen Verlauf auf der gegenüberliegenden Seite von Bäumen gesäumt ist. Biegen Sie nach rechts ab und kurz vor der L3448 nach links auf den parallel zur Straße verlaufenden Fußgänger- und Radweg. Am Ortseingang, noch vor der 🕆 Anna-Kapelle auf der anderen Straßenseite und an einer hohen Hecke, wenden Sie sich nach links und umlaufen einen eingezäunten Pferdehof. Der Weg macht bald einen Knick nach rechts und leitet Sie zur Bahnhofstraße des Limburger Stadtteiles Eschhofen, die Sie überqueren. Gegenüber folgen Sie der Rheinstraße.

Eschhofen 2.800 Ew., ✉ 65552, 🚌 🚍 🛏 ✗ BANK ☎ 🏃

🛏 Villa Eva, Bahnhofstraße 42, 450 m vom Weg, ☎ 064 31/733 94,
✉ villaeva@email.de, 🖥 villaeva.de, EZ ab € 25, DZ ab € 44, inkl. Frühstück

🥾 Am Ende der Rheinstraße gelangen Sie an eine Kreuzung und folgen der Mühlener Straße geradeaus bis zu einem Bahnübergang. Dahinter halten Sie sich links und erreichen über die Kirchstraße die Limburger Straße, wo sich die ✝ katholische Pfarrkirche St. Antonius befindet. Hier wenden Sie sich nach rechts und nach ca. 150 m, am Scheitelpunkt einer Rechtskurve, begeben Sie sich geradeaus leicht aufwärts in die Friedhofstraße. Sie umgehen den Friedhof und verlassen die Straße nach rechts in ein kleines Wald-stück hinein. An

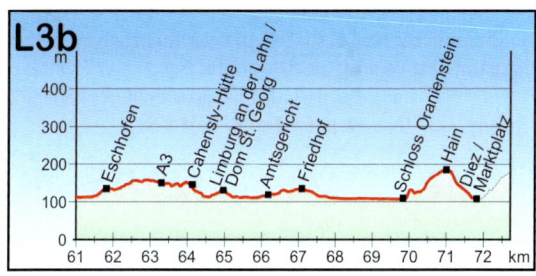

der folgenden Gabelung wandern Sie rechts an einer umzäunten Schafsweide entlang, kommen an vier Hochspannungsmasten vorbei und unterqueren die ICE-Trasse Köln-Frankfurt sowie kurz darauf auch noch die A3. Hinter der Autobahnbrücke tauchen Sie mit Blick auf den Limburger Dom St. Georg wiederum in ein Waldstück ein und gehen an zwei Gabelungen zunächst rechts, danach links weiter.

Rund 150 m nach einem leider zugewachsenen Aussichtspunkt, der Cahensly-Hütte von 1911, biegen Sie nach rechts ab und erreichen über ein paar Serpentinen die Unterführung der Lahntalbahn. Gehen Sie hier nach rechts, queren Sie die L3020 über den Zebrastreifen und setzen Sie Ihre Wanderung auf der anderen Seite nach rechts fort. Biegen Sie in die folgende Straße, Am Huttig, nach links ein. Schon bald geht es hinter einem Parkplatz nach links in die Straße Roßmarkt. An der Gabelung geht es links weiter und Sie folgen der Straße in einer Rechtskurve. Danach passieren Sie einen Parkplatz und gehen weiter geradeaus in die Kolpingstraße. Ab einer Kreuzung auf Höhe der Stadtkirche St. Sebastian sind es noch ca. 100 m, bis Sie rechter Hand die große Domtreppe emporsteigen und schließlich den Domplatz mit der Kathedralkirche des Bistums Limburg, dem ✝ ⊙ Dom St. Georg, erreichen.

Limburg   35.000 Ew., ▭ 65552, ℹ 🚌 🚏 🛏 🏠 ✕ ☕ ▦ ⊞ 🌼 ♿ ⛨ ✚ ✝ ⌘

ℹ   Tourist-Information, Barfüßerstraße 6, 300 m vom Weg, ☎ 064 31/61 66,
          ✉ touristinfo@stadt.limburg.de, 🖥 www.limburg.de, 📅 April-Oktober Mo-Fr 9:00-
          18:00, Sa 10:00-14:00, So 11:00-15:00, November-März Mo-Fr 9:00-17:00

🛏   Gästehaus Priester, Westerwaldstraße 10, 250 m vom Weg, ☎ 064 31/58 47 88,
          ✉ kontakt@gaestehaus-priester.de, 🖥 www.gaestehaus-priester.de, EZ ab € 78,
          DZ ab € 92, inkl. Frühstück

✕   Obermühle, Am Huttig 3, 100 m vom Weg, ☎ 064 31/584 00 84,
          ✉ kontakt@obermuehle.info, 🖥 www.obermuehle-limburg.de,
          📅 Di-So 11:00-21:00

Eine erste urkundliche Erwähnung einer Befestigungsanlage auf dem heutigen Domberg namens Lintburc erfolgte im Jahr 910. Mit dieser Urkunde erhielt Gaugraf Konrad Kurzbold Ländereien, mit denen er das auf seiner Burg noch zu gründende Stift St. Georg ausstatten konnte. Es gibt jedoch Erkenntnisse, die darauf hinweisen, dass die Burg deutlich früher erbaut wurde. Funde aus der vorchristlichen Zeit lassen schon auf eine frühe keltische Besiedlung schließen. Weiterhin wurden bei Ausgrabungen Reste von Haushaltsgegenständen aus der Jungsteinzeit (ca. 5000 v. Chr.) sowie zwei römische Militärlager aus der Zeit des ersten Kaisers Augustus gefunden.

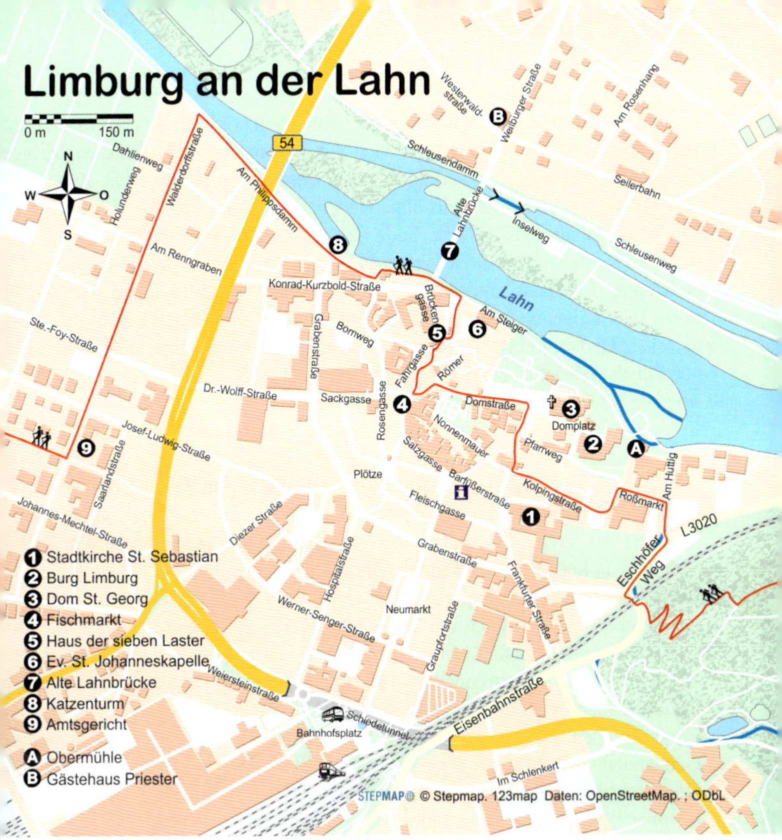

Limburg an der Lahn

0 m — 150 m

N W O S

54

Dahlienweg
Holundenweg
Waldersdorfstraße
Am Philippsdamm
Am Renngraben
Ste.-Foy-Straße
Konrad-Kurzbold-Straße
Grabenstraße
Bornweg
Dr.-Wolff-Straße
Sackgasse
Rosengasse
Fahrgasse
Brückengasse
Römer
Domstraße
Nonnenmauer
Pfarrweg
Domplatz
Am Steiger
Lahn
Josef-Ludwig-Straße
Saarlandstraße
Johannes-Mechtel-Straße
Diezer Straße
Hospitalstraße
Plötze
Salzgasse
Barfüßerstraße
Fleischgasse
Kolpingstraße
Roßmarkt
Am Huttig
Eschhofer Weg
L3020
Werner-Senger-Straße
Neumarkt
Grabenstraße
Frankfurter Straße
Gneupelstraße
Weiersteinstraße
Schiedetunnel
Bahnhofsplatz
Eisenbahnstraße
Im Schlenkert
Westerwald-straße
Weilburger Straße
Am Rosenhang
Schleusendamm
Alte Lahnbrücke
Inselweg
Seilerbahn
Schleusenweg

1 Stadtkirche St. Sebastian
2 Burg Limburg
3 Dom St. Georg
4 Fischmarkt
5 Haus der sieben Laster
6 Ev. St. Johanneskapelle
7 Alte Lahnbrücke
8 Katzenturm
9 Amtsgericht

A Obermühle
B Gästehaus Priester

Im 12. Jh. wurde über eine Furt an der Lahn eine hölzerne Brücke erbaut, die Teil der Fernstraße von Antwerpen nach Byzanz war und deren Brückenzoll bis zum Ersten Weltkrieg eine wichtige Einnahmequelle von Limburg war. Zunächst erfolgte die Erhebung des Zolls ohne Genehmigung, erst 1357 gewährte Kaiser Karl IV. der Stadt das Zollrecht. Ende des 12. Jh. begannen die Bauarbeiten zu der heute bestehenden Burganlage, man erhielt Münz- und Maßrechte und nach Verleihung der Stadtrechte durch den Stauferkaiser Friedrich II. im Jahr 1214 wurde die Stadtmauer erweitert. Durch die ideale Lage an der Handelsstraße ließen sich Händler und Handwerker in Limburg nieder und es entstanden die heute noch in der Altstadt befindlichen Hallenhäuser. Diese waren so konzipiert, dass sie Platz für einen Pferdewagen boten und von der Galerie aus be- und entladen werden konnten. Viele dieser Hallenhäuser in der denkmalgeschützten Altstadt wurden inzwischen saniert und werden heute noch genutzt.

Mit der Verpfändung an den Kurfürsten von Trier sowie Pest- und Feuerkatastrophen begann bereits im 14. Jh. der allmähliche Niedergang der Stadt. Nach dem Tod des letzten männlichen Vertreters des Hauses Limburg ging die Stadt endgültig an Kurtrier. 1525 kam es während des Bauernkrieges zu Unruhen und aufgrund der verkehrsgünstigen Lage zogen im Dreißigjährigen Krieg ständig plündernde Soldaten durch die Stadt. Erst im 19. Jh. erlangte Limburg wieder größere Bedeutung. 1827 wurde auf Vorschlag von Herzog Wilhelm von Nassau das Bistum Limburg gegründet, ab 1862 wurde Limburg Knotenpunkt von wichtigen Eisenbahnlinien und ab 1886 Kreisstadt des neuen Landkreises Limburg. Im Zuge der hessischen Gebietsreform wurden ab 1971 sieben selbstständige Gemeinden in die Stadt eingegliedert. Heute ist Limburg eine Stadt, deren Wirtschaft sehr breit gefächert und vornehmlich auf den Einzelhandel konzentriert ist. Darüber hinaus haben einige Industriezweige z. B. aus den Bereichen Metallverarbeitung, Pharma und Verpackung ihren Firmensitz in Limburg.

✠ Dom St. Georg

Der Limburger Dom ist aufgrund seiner Lage auf einem Felsen hoch über der Stadt von vielen Seiten sichtbar. Bekannt geworden ist die Bischofskirche des Bistums Limburg durch die Abbildung auf der Rückseite des 1.000-DM-Scheins der dritten Serie, die von 1964 bis 1991 herausgegeben wurde und die romanische Baukunst in Deutschland symbolisierte.

Ob es einen Vorgängerbau aus dem 9. Jh. gab, ist unter den Experten sehr umstritten. Nach Aufzeichnungen aus dem Koblenzer Kastorstift aus dem 16. Jh. soll der Trierer Erzbischof Hetti in Lympurgensis eine Kirche dem heiligen Georg geweiht haben. Es ließen sich weder Überreste noch Erkenntnisse über Lage oder Patrozinium feststellen. So muss man davon ausgehen, dass erst mit Gründung des Georgsstiftes zu Beginn des 10. Jh. durch Graf Konrad Kurzbold eine erste Kirche erbaut wurde. Aus Funden bei Ausgrabungen im 20. Jh. kamen Reste dieser Kirche zutage.

Der Bau des heutigen Gotteshauses wurde im ausgehenden 12. Jh. begonnen und 1235 wurde die Kirche durch den Trierer Erzbischof Theoderich geweiht. Neben der zu dieser Zeit

Dom St. Georg

vorherrschenden Architektur der rheinischen Romanik sind bereits aus Frankreich stammende Elemente der Gotik eingebracht worden wie z. B. der hohe, lichtdurchflutete Innenraum.

Die Kirche ist zudem mit vielen Symbolen versehen. So stehen die sieben Türme im Zusammenhang mit den Sakramenten, den drei göttlichen (Glaube, Liebe, Hoffnung) und vier weltlichen Tugenden (Gerechtigkeit, Tapferkeit, Weisheit, Mäßigung) sowie der Zahl der Apostel und der biblischen Stämme Israels. Der Grundriss ist einem Kreuz nachempfunden, mit dem Altar im Zentrum der Vierung. Für die nicht des Lesens mächtige Bevölkerung waren die Flächen der Wände und Decken mit biblischen Szenen ausgemalt, die bei Renovierungen wieder freigelegt wurden. Besonders sehenswert ist der Stammbaum Jesu im nördlichen Querhaus. Zu den ältesten Ausstattungsgegenständen zählt das Tischgrab des Stiftsgründers Konrad Kurzbold, dessen Unterbau noch aus der ersten Kirche stammt. Die Grabplatte und auch das heute noch genutzte Taufbecken stammen noch aus dem 13. Jh.

Mit der Säkularisation 1803 wurde das Georgsstift nach 900 Jahren aufgehoben und die Stiftskirche diente fortan als Pfarrkirche. Nach der Gründung des Bistums Limburg 1827 wurde die Stadt Bischofssitz und die Kirche zur Kathedrale erhoben.

⌘ Limburger Altstadt

Limburg ist eine der wenigen Städte, die heute noch über eine Altstadt in nahezu ursprünglichem Zustand verfügt. Die im Zeitraum des 13. bis 18. Jh. entstandenen Fachwerkhäuser wurden in der Vergangenheit oftmals durch den

persönlichen Einsatz der Eigentümer unter den strengen Regelungen des Denk-
malschutzes saniert und restauriert und erstrahlen wieder in ihrer Ursprünglich-
keit. Dabei handelt es sich um unterschiedlichste Gebäude wie Burgmannenhöfe,
Stiftsherrenhäuser, Wohnhäuser wohlhabender Bürger und die typischen Hallenhäuser der Kaufleute. Die ältesten vorhandenen Häuser stammen aus den Jahren
1289 (in der Straße Römer 2, 4 und 6) und 1296 (Römer 1). Schlendern Sie
ruhig eine Weile durch die Altstadt und betrachten Sie die schmucken Häuser, von
denen viele mit kunstvollen Verzierungen versehen sind.

🚶🚶   Nach der Besichtigung des Domes gehen Sie die mit Kopfsteinpflaster versehene Domstraße hinunter. An deren Ende erreichen Sie die mit uralten Fachwerkhäusern gespickte Altstadt am Fischmarkt. Dort laufen Sie nach rechts weiter
bis zum „Haus der sieben Laster". Davor geht es halb rechts und an einem Parkplatz an der ✝ evangelischen St. Johanneskapelle vorbei in die Straße In der
Erbach, die Sie unmittelbar ans Ufer der Lahn bringt. Dort wenden Sie sich nach
links, unterqueren die alte Lahnbrücke aus dem 14. Jh. und gehen geradeaus –
an der Unterführung vorbei – am Katzenturm und einem Busparkplatz vorbei. Ca.
100 m hinter der neuen Lahnbrücke biegen Sie nach links in die Walderdorff-
straße ein und folgen dieser bis zum Amtsgericht Limburg. Dort schwenken Sie
am Haus 13-13a nach rechts in einen Fußweg, der von einer Basaltstele versperrt
wird und Sie in die Ludwig-Corden-Straße und anschließend in die Beethoven-
straße bringt.

An deren Ende geht es an einem Spielplatz und einem Friedhof auf einen Teerweg durch ein Waldstück. Ca. 200 m hinter einer Schutzhütte wandern Sie an
einer großen Waldkreuzung nach rechts bis zum Waldrand und zu einem Bahnübergang.

Hinter den Gleisen biegen Sie nach links ab, folgen dem Weg und laufen an
einem stillgelegten Betriebsgelände und einem Gehöft vorbei auf die Lahn zu. An
der zweiten Kreuzung geht es links auf dem asphaltierten Lahntal-Radwanderweg
weiter. Bleiben Sie auf diesem Weg, bis Sie an ein eingezäuntes Militärgelände mit
einer Rastmöglichkeit gelangen. Hier überschreiten Sie die Landesgrenze zwischen Hessen und Rheinland-Pfalz. Nun wenden Sie sich aufwärtsgehend scharf
nach links. Bleiben Sie auf dem eingeschlagenen Weg und nutzen Sie an der
nächsten Gabelung den rechten Zweig. An der Teufelskanzel gehen Sie links
weiter und an den folgenden zwei Kreuzungen geradeaus. Rechter Hand befindet
sich der Zaun einer militärischen Anlage, in der sich das Schloss Oranienstein
befindet.

Am höchsten Punkt des Tages setzt sich das Militärgelände an einer Ecke nach
rechts fort, während Sie weiter geradeaus durch das Diezer Naherholungsgebiet

Hain leicht abwärts wandern. Mitten im Hain befinden sich ein Kletterwald, ein Minigolfplatz und ein großer Abenteuerspielplatz, den Sie geradeaus queren. Sie erreichen den Waldrand und den Schlossberg. Auf der rechten Seite befindet sich das St.-Vincenz-Krankenhaus. Am Ende der Straße werden Sie dann vom Diezer Grafenschloss in Empfang genommen. Nun müssen Sie nur noch linker Hand die Schlosstreppe hinabsteigen, nach rechts in die Altstadtstraße und direkt dahinter nach links in die Marktstraße bis zum Marktplatz gehen, wo Sie das Tagesziel erreicht haben.

Diez   12.000 Ew., 65582,

Tourist-Information, Wilhelmstraße 63, 600 m vom Weg, ☎ 064 32/954 32 11, info@urlaub-in-diez.de, www.urlaub-in-diez.de, Mo-Mi 9:00-12:00 und 14:00-16:30, Do 9:00-12:00 und 14:00-17:30, Fr 9:00-12:30, zusätzlich April-September Fr 15:00-17:00, Sa 10:00-12:00

City Hotel Garni Diez, Bergstraße 8, 200 m vom Weg, ☎ 064 32/92 15 69, info@city-hotel-garni-diez.de, www.city-hotel-garni-diez.de, EZ ab € 54, DZ ab € 70, Frühstück € 6 p. P.

Das Grafenschloss in Diez

🛏   Penzion Bed & Breakfast, Pfaffengasse 2, 200 m vom Weg, ☎ 064 32/988 77 99,
      ✉ penziondiez@web.de, 🖥 www.penziondiez.de, EZ ab € 55, DZ ab € 90, inkl.
      Frühstück

🏠   Grafenschloss-Jugendherberge, Schloßberg 8, am Weg, ☎ 064 32/24 81,
      ✉ diez@diejugendherbergen.de, 🖥 www.DieJugendherbergen.de, ab € 23,50
      p. P., inkl. Frühstück

✕   Klein Prag im Gasthaus Bremser, Marktplatz 4, ☎ 064 32/50 71 75,
      ✉ info@gasthausbremser.de, 🖥 www.gasthausbremser.de, 🕐 täglich 11:30-
      14:30 und ab 17:30

⌘   Museum im Grafenschloss Diez, Schloßberg 8, am Weg, ☎ 064 32/50 74 67,
      ✉ leitung@museumdiez.de, 🖥 www.museumdiez.de, 🕐 Di-Fr 9:00-12:00 und
      14:00-17:00, Sa/So 14:00-17:00, Eintritt € 4

Die Region um Diez herum weist schon sehr frühzeitliche Siedlungsspuren aus der Altsteinzeit (20.000-12.000 v. Chr.) auf und auch die Kelten hatten sich dort breitgemacht. Die fränkische Siedlung Theodissa fand 790 erstmalig Erwähnung in einer Urkunde von Kaiser Karl dem Großen, in der diese als Besitz der Abtei Prüm genannt wurde. Erst viel später, nämlich 1073, wurde das Grafengeschlecht von Diez beim Verkauf von Gütern erwähnt. Danach scheint auch die damalige Burg erbaut worden zu sein, während sich die Grafen schon bald einen Namen machten, indem sich einige ihrer Vertreter im 12./13. Jh. im Dunstkreis von deutschen Kaisern aufhielten.

1289 wurde unterhalb der Burg das Marienstift gegründet und 1329 erhielt Diez die Stadtrechte und begann mit dem Bau einer Stadtmauer.

Nach dem Aussterben des Grafengeschlechtes wechselten die Besitzer in den folgenden rund 200 Jahren ständig, bis 1564 letztendlich das Haus Nassau-Dillenburg alleine die Herrschaft ausübte. Unter den Nassauer Grafen wurde die Burg zu einem Schloss im Stil der Frührenaissance umgestaltet. Durch Erbteilung bildete sich eine Linie Nassau-Diez mit dem Stammsitz in Diez, die im 17./18. Jh. die Statthalter in den Niederlanden stellten. Zudem geht das heutige niederländische Könighaus auf diese Linie zurück. 1866 wurde das Herzogtum Nassau mit dem Amt Diez Preußen zugeschlagen. Ein Jahr später entstand der Unterlahnkreis, dessen Kreisstadt Diez wurde. Erst 1969 verlor Diez diesen Status an Bad Ems, als im Rahmen einer Gebietsreform aus dem Unterlahnkreis und dem Loreleykreis der Rhein-Lahn-Kreis gebildet wurde.

Heute ist Diez vornehmlich Sitz von Behörden und Verwaltungen, aber auch eines international bekannten Backformenherstellers. Im Grafenschloss ist neben dem Nassauischen Heimatmuseum die Jugendherberge untergebracht.

⚔ ⌘ Schloss Oranienstein

An der Stelle des Schlosses Oranienstein befand sich mindestens seit der ersten Erwähnung im Jahr 1153 bis zur Aufhebung 1564 das Benediktinerinnenkloster Dierstein. Mitte des 17. Jh. waren die Überbleibsel des Klosters zur Ruine verfallen, auf denen von 1672 bis 1681 das Schloss als Witwensitz der Gräfin Albertine Agnes von Oranien-Nassau erbaut wurde. Es befand sich bis 1815 im Besitz der Fürstenfamilie von Nassau-Diez, auf die das niederländische Königshaus zurückgeht. Ab 1867 wurden auf dem Gelände preußische Kadetten ausgebildet, in den Folgejahren wurden weitere Kasernen- und Verwaltungsgebäude hinzugefügt. Mit dem Ende des Ersten Weltkrieges wurde die Kadettenanstalt aufgelöst und während der Zeit des Nationalsozialismus wurde das Schloss als Nationalpolitische Erziehungsanstalt genutzt.

Nach dem Zweiten Weltkrieg ging das Schloss zunächst in den Besitz des Landes Rheinland-Pfalz über, das sich aber nicht in der Lage sah, die immensen Kosten für Sanierung und Unterhalt aufzubringen. Es entstand die Idee, das Schloss zur Nutzung an die Bundeswehr zu übergeben. Nach der Renovierung des Schlosses erfolgte die offizielle Übergabe am 23. Mai 1962. Seit dieser Zeit wird das Areal von verschiedensten Dienststellen und Truppenteilen der Bundeswehr genutzt.

⌘   Museum Nassau Oranien, Schloss Oranienstein, 1 km vom Weg,
      ☏ 064 32/940 16 66, ✉ baumann@museumdiez.de, ▭ www.museumdiez.de,
      ⬚ Führungen April-Oktober Di-Fr 9:00, 10:30, 14:00, 15:30, Sa, So und FT 10:30,
      14:00, 15:30, November-März Di-Fr 9:00, 10:30, 14:00, 15:30, Sa/So nur nach
      telefonischer Anmeldung bis spätestens Freitag 16:00, Eintritt € 4

✋   Schloss Oranienstein befindet sich auf Bundeswehrgelände. Bitte bringen Sie Ihren
      Personalausweis mit. Besucher ohne Ausweis und solche, die eine Taschenkontrolle
      verweigern, dürfen das Kasernengelände und damit auch das Museum nicht
      betreten.

✝ Stiftskirche St. Maria

Gegründet wurde das Kollegiatstift 1289 durch Graf Gerhard IV. von Diez. Er
hatte erkannt, dass mit Gründung des St.-Georg-Stiftes im nahen Limburg ein
Aufblühen einherging, und erhoffte sich Ähnliches in Diez. Hierzu verlegte er das
Stift Salz vom Westerwald nach Diez und stattete es mit zusätzlichen Pfründen
aus. Die Bestätigung erfolgte durch Urkunde des Trierer Erzbischofs Boemund I.
von Warsberg am 5. Dezember des gleichen Jahres. Die Kirche wurde im go-
tischen Stil, der jedoch noch stark an die Romanik angelehnt war, als sechsjochige
Hallenkirche mit drei Schiffen erbaut.

Im 14. Jh. gehörten dem Stift bis zu zwölf Kanoniker an. 1564 fielen Diez und
auch das Stift St. Maria an die inzwischen lutherische Linie Nassau-Dillenburg. Es
wurden auf Geheiß von Graf Johann VI. drei lutherische Pfarrer in das Stift aufgenommen und sämtliche Altäre und Kunstwerke entfernt. Der Verkauf der Mess-
gewänder 1588 deutet auf die Auflösung des Stiftes hin. Die Stiftskirche ist heute
die Pfarrkirche der evangelischen Gemeinde Diez.

Etappe 4: Von Diez nach Obernhof

⮌ 28,1 km, ⧖ 8 Std., ↑ 1.028 m, ↓ 1.010 m, ⇧ 93-290 m

0,0 km	⇧ 107 m	Diez (Marktplatz) 🚉 🚌 🚐 🛏 🏠 ✕ ☕ 🍴 BANK ♀ 🍺 ⊞ ✝ ⌘ 🍴
2,9 km	⇧ 112 m	Birlenbach-Fachingen (Bahnhof) 🚐 🚐
7,3 km	⇧ 113 m	Balduinstein (Bahnhof) 🚉 🚐 🛏 ✕ 🍴 ✝ ♜
14,1 km	⇧ 241 m	Steinsberg 🚐
18,6 km	⇧ 38 m	Abzweig Laurenburg 🚐 🚐 🛏 ✕
21,2 km	⇧ 257 m	Abzweig Klosterruine Brunnenburg
28,1 km	⇧ 133 m	Obernhof (Kloster Arnstein) 🚉 🚐 🚐 🛏 ✕ ⛺ ✝

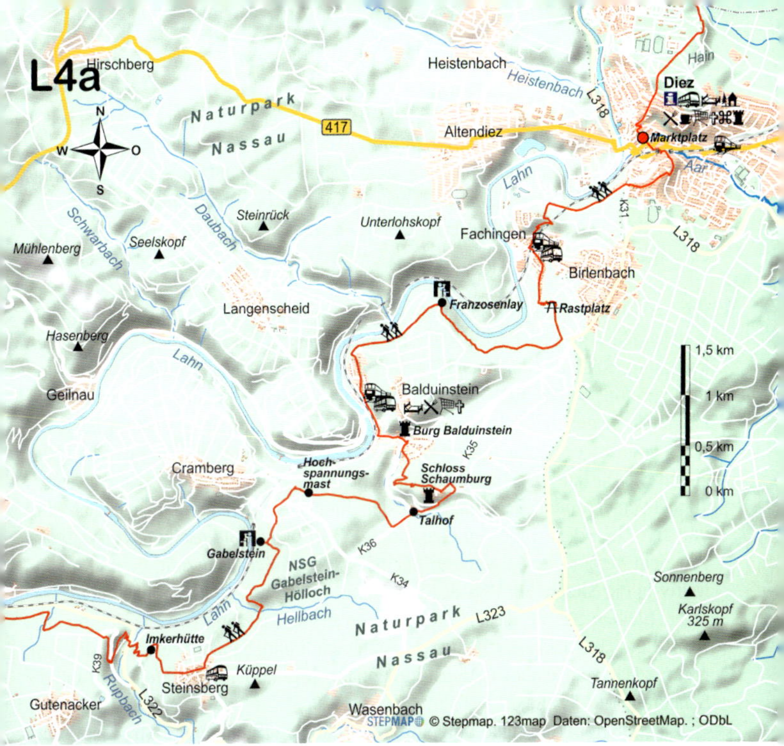

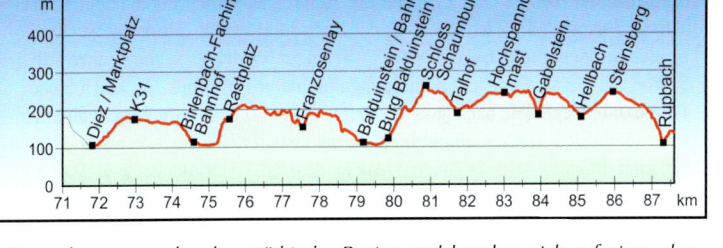

Sie verlassen nun die eher städtische Region und begeben sich auf einen der bezauberndsten Abschnitte des Lahntales. Von Diez aus wandern Sie durch eine bergige Landschaft mit vielen Höhenmetern, sehenswerten Ausblicken und wunderbarer Natur – eigentlich das schönste und zugleich aber auch beschwerlichste Teilstück des Lahn-Caminos. Unterwegs passieren Sie die Schaumburg sowie die

Klosterruine Brunnenburg und am Ziel der anstrengenden Etappe erwartet Sie in Obernhof das Kloster Arnstein. Achtung: Nehmen Sie sich reichlich Proviant und Getränke mit, da Sie auf dem Weg keine Einkaufsmöglichkeit haben. Unterwegs wird Ihnen ein Hinweisschild einen weisen Spruch vor Augen halten, dem Sie hin und wieder Folge leisten sollten: „Gönn dir und deinem Schutzengel ab und zu eine kleine Pause."

Vom Marktplatz aus überqueren Sie zunächst das Flüsschen Aar sowie die Kanalstraße mittels der Fußgängerampel und gehen geradeaus bis zur nächsten Kreuzung. Rechter Hand befinden sich die ✝ katholische Herz-Jesu-Kirche und das Pfarramt, wo Sie auch einen ⊙ Stempel für Ihren Pilgerausweis erhalten können. Auf der gegenüberliegenden Straßenseite erkennen Sie eine aufwärtsführende, kleine Gasse, der Sie folgen, bis Sie an deren Ende nach links schwenken. Hier laufen Sie ein kurzes Stückchen parallel zu der Bahntrasse, die dann in einem Tunnel verschwindet. Sie laufen über den Tunnel, bleiben auf dem schmalen Pfad und erreichen die Straße Am Geisenberg. Dort biegen Sie nach links ab und folgen dem Verlauf der Straße. An der nächsten großen Kreuzung geht es rechts weiter in die Straße Am Wasserwäldchen, die sich nach ca. 50 m nach links fortsetzt. Bleiben Sie auf dieser Straße bis zu einer Gabelung, wo Sie den rechten Abzweig – eine Sackgasse – nutzen. An einem Wendehammer setzt sich der Weg rechter Hand an einem Grundstück entlang fort und trifft letztendlich auf die Schaumburger Straße.

Eine Überquerungshilfe unterstützt Sie dabei, auf die andere Straßenseite zu gelangen, wo Sie Ihre Wanderung nach links entlang des Fachinger Weges (= K31) fortsetzen. Kurz hinter dem letzten Haus ist neben der Straße hinter der Leitplanke ein Fußweg angelegt, den Sie zu Ihrer Sicherheit nutzen sollten. Bleiben Sie solange auf diesem Weg, bis Sie nach rund 700 m auf der gegenüberliegenden Straßenseite den Parkplatz des Fachinger Friedhofes sehen können. Überqueren Sie die K31 vorsichtig und gehen Sie dann geradeaus. An der folgenden T-Kreuzung biegen Sie nach links ab. Bereits nach 50 m führt rechts ein unscheinbarer Pfad durch Hecken abwärts, macht bald einen Knick nach rechts und bringt Sie zum Bahnhof von Fachingen, einem Ortsteil von Birlenbach (1.500 Ew., ✉ 65626, 🚌 🚃). Bekannt ist das Örtchen vor allem durch sein Heil- und Mineralwasser Staatl. Fachingen. Der Natriumhydrogencarbonat-Säuerling wurde erstmals durch den damaligen Amtsphysikus Dr. Forell analysiert und daraufhin erfolgte die Einfassung der Quelle und die Vermarktung in Tonkrügen.

Hinter dem Bahnhof gehen Sie nach links durch die Unterführung und anschließend schräg geradeaus an einer Skulptur vorbei in den Auweg. Sie passieren ein auffälliges Baumhaus sowie einen Kinderspielplatz und laufen weiter

geradeaus in eine Sackgasse hinein. Den kommenden Abzweig nach rechts igno-
rieren Sie und wandern weiter aus Fachingen heraus. Ca. 50 m hinter dem letzten
Haus – noch vor einem Wendehammer – geht es links über ein paar Stufen in den
Wald hinein. Hier müssen Sie einen mühevollen Anstieg über einige Serpentinen
bewältigen. Sie stoßen auf einen anderen Weg, dem Sie nach links folgen, bis Sie
eine Lichtung erreichen, auf der sich früher einmal der Grillplatz Kuheiche befand.
Heute gibt es dort noch einen etwas vernachlässigten Rastplatz mit ein paar
Tischen und Bänken aus Holz. Wenden Sie sich nach rechts und laufen Sie auf
dem aufwärtsführenden, breiten Weg weiter. Bald treffen Sie auf eine Kreuzung,
an der sich zu Ihrer Linken verschiedene Wegweiser befinden. Gehen Sie hier
noch geradeaus weiter, an der nächsten Kreuzung biegen Sie nach rechts ab. Für
einen Augenblick verlassen Sie den Wald, tauchen aber schon nach wenigen
Schritten an einer Wiese entlang an einer reparaturbedürftigen, roten Bank wieder
in ihn ein. Nachdem Sie über eine hölzerne Brücke gelaufen sind, erreichen Sie
den 🛈 Aussichtstempel Franzosenlay.

Weg durch Balduinstein

Von hier aus haben Sie bei gutem Wetter einen schönen Blick zurück nach
Diez. Ihre Pilgerwanderung setzen Sie
auf dem eingeschlagenen Weg fort, der
nun entlang der Hangkante verläuft. An
der nächsten Gabelung, an der sich
auch eine Ruhebank befindet, halten Sie
sich rechts. Schon bald erreichen Sie
eine Schranke und dahinter die abwärtsführende Brühlstraße, die immer
geradeaus zum Bahnhof der Lahngemeinde Balduinstein führt.

Balduinstein   600 Ew., 🖃 65558, 🚌 🚏 🛏 ✕ 🏪 ♱ 🎍

🛏 ✕ Gasthaus Hergenhahn, Bahnhofstraße 30, am Weg, ☎ 064 32/85 03,
📧 rezeption@gasthaus-hergenhahn.de, 💻 www.gasthaus-hergenhahn.de, EZ ab
€ 55, DZ ab € 84, inkl. Frühstück

◆ Hotel Lahnblick, Lahntalstraße 4, 300 m vom Weg, ☎ 064 39/76 20,
💻 info@lahnblick.de, 📧 www.lahnblick.de, EZ ab € 35, DZ ab € 55,
inkl. Frühstück, 🐎

Der Trierer Erzbischof Balduin von Luxemburg ließ 1319 zur Sicherung seines
Herrschaftsgebietes unterhalb der Schaumburg eine eigene Burg errichten – Burg
Balduinstein. Nur zwei Jahre später erhielt Balduinstein durch den deutschen

Kaiser Ludwig IV. die Stadtrechte verliehen und nach der Belehnung an den Ritter Dietrich von Staffel 1335 wurde ab 1429 auch eine Stadtbefestigung gebaut. Von dieser sind heute noch Fragmente sichtbar, vor allem aber der achteckige Portturm. Nach dem Dreißigjährigen Krieg im Jahr 1648 ging die Bevölkerungszahl von Balduinstein durch Hunger und Seuchen drastisch zurück. Die Burg verfiel allmählich und wurde zum Abbruch freigegeben, sodass 1680 nur noch einige wenige Mauern vorhanden waren. Zu dieser Zeit begann in Balduinstein der Abbau von Erzen und Lahnmarmor, der bis 1876 bzw. 1927 andauerte. Die auf dem Burggelände vorhandene Villa und einige Nebengebäude dienen heute als Jugendburg Pfadfindern und bündischen Gruppen als Domizil.

🚶‍♀️🚶‍♂️　　Vom Bahnhof begeben Sie sich auf der Bahnhofstraße in Richtung Portturm, der sich gegenüber der örtlichen Feuerwache befindet. Auf einem Hügel können Sie bereits das Schloss Schaumburg erkennen, zu dem Sie noch emporsteigen müssen. Vor dem Turm biegen Sie nach links in die Hauptstraße ein und pilgern an der ✝ katholischen Pfarrkirche St. Bartholomäus und der ♖ Burg Balduinstein vorbei. Kurz vor einer Straßenkreuzung wurde links eine Stele mit dem Bildnis des Kurfürsten Balduin aufgestellt. An der Kreuzung biegen Sie nach rechts ab und laufen danach an einem gelben Haus links aufwärts in die Straße Am Hain. Am Ende der steilen Straße laufen Sie weiter geradeaus in die Sackgasse hinein und an einem Jägerzaun entlang. Der Wiesenweg, dessen gepflasterte Fahrspur bis zu einem Hochbehälter führt, geleitet Sie weiter aufwärts in den Wald hinein. Nehmen Sie kurz nach dem Betreten des Waldes den linken Weg, wenige Schritte später nochmals den rechten Abzweig. Sie treffen auf einen Querweg, dem Sie nach rechts folgen. Seien Sie danach aufmerksam, denn bei der nächsten Möglichkeit müssen Sie scharf links auf dem breiten Weg bleiben – gehen Sie nicht geradeaus weiter. Schon bald passieren Sie am Wegrand einen ehemaligen Steinbruch und danach einen Gedenkstein aus dem Jahr 1788. Wenn Sie aus dem Wald treten, haben Sie den Zugang zum Schloss erreicht.

♖ Schloss Schaumburg

Obwohl die Schaumburg erstmals 1197 urkundlich benannt wurde, dürfte der Burgberg bereits zu Beginn des 10. Jh. bebaut gewesen sein. Nach dem Tod des letzten Grafen von Schaumburg wurde die Herrschaft mehrfach aufgeteilt und kam schließlich 1276 an die Herren von Westerburg, die schon bald mit der Erweiterung der Burganlage begannen. Auch danach wechselten die Besitzer ständig. 1656 wurde die Burg verkauft und die Herrschaft mit der Grafschaft Holzappel vereinigt. Deren Nachkommen erbten das Anwesen, bis Erzherzog Stephan von Österreich die Schaumburg Mitte des 19. Jh. zu einem neugotischen

Schloss umbauen ließ. Nach einem langwierigen Gerichtsverfahren kam das Schloss 1888 in den Besitz des Hauses Waldeck-Pyrmont und dort blieb es bis zum Verkauf 1983 an einen privaten Investor. Pläne, aus dem Schloss ein Hotel mit Golfplatz oder ein internationales Weininstitut zu machen, wurden verworfen oder nicht umgesetzt. Die Schaumburg befindet sich seitdem in einem Dornröschenschlaf und ist für den Besucherverkehr nicht mehr zugänglich.

Schloss Schaumburg

🚶🚶 Es geht weiter nach links abwärts entlang des ehemaligen Verwaltungsgebäudes, dem Waldecker Hof, einem Parkplatz und der Begrenzungsmauer des Hofes weiter. Überqueren Sie am Ende der Mauer die wenig befahrene K35 und laufen Sie rechts auf der Schotterpiste weiter. An der folgenden Freifläche biegen Sie nach rechts in die Einbahnstraße ab und gehen am linken Rand der K35 ca. 200 m weiter. Gegenüber dem Ende der Schlossmauer befinden sich ein paar unscheinbare Treppenstufen, die Sie auf einen schmalen Pfad von der Straße wegführen.

✋   Seien Sie vorsichtig, denn auf dem Boden hat die Natur mit kräftigem Wurzelwerk Stolperfallen eingerichtet.

Am Ende des Pfades treffen Sie noch einmal auf die K35 und folgen dieser bis zu einem kleinen Teich und dem Talhof, der mit dem Schloss bis 1991 die eigenständige Gemeinde Schaumburg bildete. Bleiben Sie noch rund 300 m auf der leicht ansteigenden Straße und biegen Sie dann nach rechts in einen Feldweg ein, der Sie durch Acker- und Weideland leitet. Kurz hinter einem kleinen Stall erreichen Sie eine Wegkreuzung, an der Sie links weiterlaufen. Unterhalb des Weges befindet sich eine größere Schutzhütte mit Sitzgelegenheiten. Sie marschieren geradewegs auf einen Hochspannungsmast zu und gelangen dahinter an einen Baum mit Ruhebank. An dem Strommast gehen Sie rechts vorbei bis zur K34, der Sie bis zu einer Rechtskurve folgen.

In der Kurve laufen Sie links auf dem Feldweg weiter und zweigen unmittelbar dahinter nach rechts in den Wald ab. Sie befinden sich hier in dem 1981 ausgewiesenen, 71,5 ha großen Naturschutzgebiet Gabelstein-Hölloch und können an einer Hinweistafel den Weg kurzzeitig zum Aussichtstempel Gabelstein verlassen. Von hier werden Ihnen traumhafte Blicke in das hier sehr enge Lahntal geboten. Kehren Sie auf den Weg zurück und bleiben Sie anschließend auf dem eingeschlagenen Weg. Nun sollten Sie noch einmal aufmerksam sein, denn der Weg teilt sich erneut. Nutzen Sie den rechten Zweig, der Sie leicht abwärts bis zu einer Bank mit 🏛 Blick ins Lahntal bringt. Wenige Schritte hinter dieser Bank müssen Sie erneut nach rechts abbiegen, und zwar in einen abwärtsführenden Singletrail. Auch hier ist der Boden sehr uneben – passen Sie also auf. Überqueren Sie den kleinen Bach mittels der mit Stahlgeländer gesicherten Brücke und erklimmen Sie auf der anderen Seite einen kurzen Anstieg bis zum Waldrand. Ab dort geht es auf einem Wiesenweg durch Felder hindurch weiter aufwärts bis nach Steinsberg (230 Ew., 🖃 56379, 🚌).

Gehen Sie über die erste Kreuzung geradeaus und an der zweiten auf das markante Feuerwehrgebäude mit dem Uhrenturm zu. Dort biegen Sie rechts in die Ringstraße ein, die geradewegs über drei Kreuzungen aus dem Dorf herausführt und in einen asphaltierten Wirtschaftsweg übergeht. An der T-Kreuzung laufen Sie rechts weiter, bis der Asphalt in der Nähe eines Hochsitzes endet. Hier biegen Sie nach links ab, laufen an einer Imkerhütte vorbei und danach auf einem Wiesenweg bis zu einem elektrischen Weidezaun weiter. Folgen Sie dem Wiesenweg nach rechts und ca. 50 m danach erneut nach rechts in den Wald, wo Sie wieder von einem Singletrail erwartet werden. Auch hier ist Vorsicht geboten. Über ein paar Serpentinen erreichen Sie im Rupbachtal über ein paar Treppenstufen eine Brücke an der L322 und ein Haus. Hinter diesem geht es links weiter.

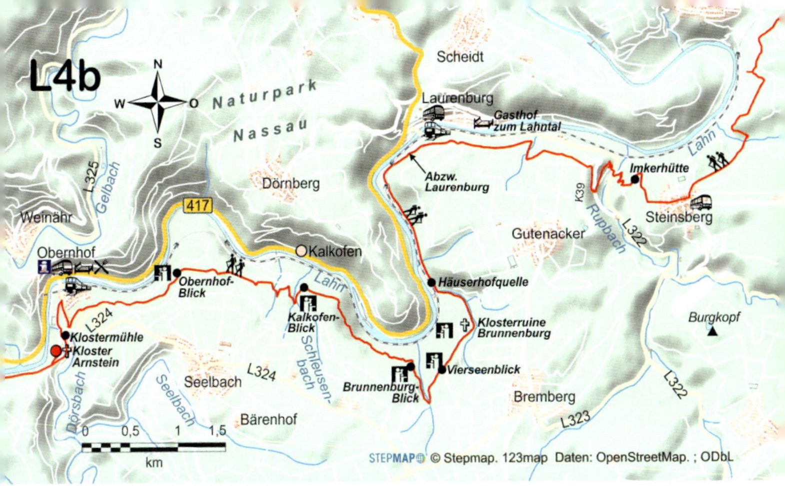

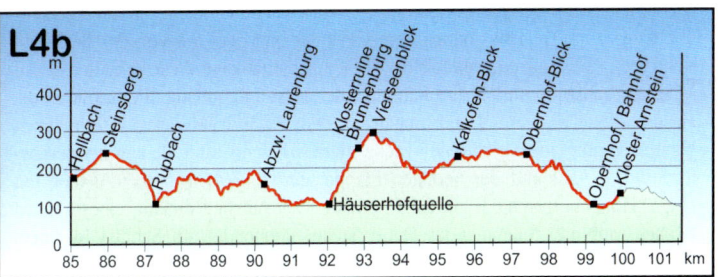

L4b (map)

Scheidt · Laurenburg · Gasthof zum Lahntal · Imkerhütte · Lahn · Steinsberg · L 332 · Abzw. Laurenburg · K39 · Rupbach · Gutenacker · Burgkopf · L 322 · Naturpark Nassau · Dörnberg · Häuserhofquelle · Klosterruine Brunnenburg · Vierseenblick · Bremberg · L 323 · Kalkofen · Obernhof-Blick · Kalkofen-Blick · Brunnenburg-Blick · Lahn · Schleusenbach · Weinähr · L 325 · Gelbach · Obernhof · Klostermühle · Kloster Arnstein · L 324 · Seelbach · Bärenhof · Dörsbach

0 0,5 1 1,5 km

STEPMAP © Stepmap. 123map Daten: OpenStreetMap. ; ODbL

L4b (elevation profile)
m — 400 300 200 100 0
Hellbtor · Steinsberg · Rupbach · Abzw. Laurenburg · Klosterruine Brunnenburg · Vierseenblick · Häuserhofquelle · Kalkofen-Blick · Obernhof-Blick · Obernhof / Bahnhof · Kloster Arnstein
85 86 87 88 89 90 91 92 93 94 95 96 97 98 99 100 101 km

Kurz vor einem meist geöffneten Stahltor müssen Sie nach einem kleinen Waldpfad Ausschau halten, der sich rechts befindet. Der Pfad bringt Sie schweißtreibend wieder in höhere Regionen. Hin und wieder helfen Ihnen ein paar Stufen, den Aufstieg zu bewältigen. Sie passieren schließlich einen Betonquader und einen Hochbehälter und gelangen an die K39. Queren Sie vorsichtig die Straße und nutzen Sie den Waldweg auf der anderen Straßenseite. Dieser bringt Sie noch einmal auf einer sehr steilen Passage wieder an die K39. Dort gehen Sie gegenüber in den rechten Weg, der erneut in den Wald führt und Sie anschließend parallel zum Verlauf der Lahn an der Hangkante begleitet. Unterwegs bietet Ihnen eine Ruhebank in einer Schneise Gelegenheit zur Pause mit Blick auf die Lahn. Es geht weiter abwärts zu einer großen Freifläche, an der Sie sich links halten müssen. Nach einer Weile stoßen Sie auf einen Querweg, dem Sie nach rechts folgen. Bleiben Sie nun auf diesem Schotterweg, bis Sie nach einer Abwärtspassage erneut auf einen Querweg stoßen.

☺ ✍ Wenn Ihnen die bisherige Strecke für den heutigen Tag ausreicht, besteht hier die Möglichkeit, rechts nach Laurenburg zu gehen. Vom Abzweig nach rechts sind es lediglich 300 m bis zum Bahnhof, wo Sie mit dem öffentlichen Nahverkehr weiterreisen können, oder aber Sie beziehen direkt im Ort eine Unterkunft.

Laurenburg   300 Ew., 🖃 56379, 🚌 🚐 🛏 ✕

🛏 ✕ Gasthof zum Lahntal, Lahnstraße 5, 1 km vom Weg, ☏ 064 39/76 20,
    💻 www.gasthofzumlahntal.de, ✉ empfang@gasthofzumlahntal.de, EZ ab € 40,
    DZ ab € 60, inkl. Frühstück

Sie setzen Ihren Weg auf einer Schotterpiste fort, nehmen an der Gabelung den rechten Zweig und laufen hier über den für Sie nicht sichtbaren Laurenburger Eisenbahntunnel. Sie erreichen das zinnenbewehrte Südportal des Tunnels und steigen links davon hinab bis auf die Höhe der Gleisanlage. Bleiben Sie solange auf diesem Weg, der parallel zu den Schienen verläuft, bis Sie zu einem Bahnübergang kommen. Links neben dem Geländer und dem nur von der Rückseite sichtbaren Andreaskreuz verläuft ein Wiesenpfad noch eine Weile zwischen einem Maschendrahtzaun und der steil aufragenden Felswand entlang. Sie passieren die Häuserhofquelle, einen Sauerbrunnen, an dem Sie Ihre Wasservorräte auffüllen können. Hinter einem verfallenen Fachwerkhäuschen erwartet Sie nun der herausfordernste Abschnitt der heutigen Etappe: ein ca. 700 m langer Anstieg mit einem Höhenunterschied von rund 130 m. Der Aufstieg entlang eines kleinen Baches wird mit zunehmender Dauer steiler und endet am Schluss in einem kleinen Hohlweg.

✍   An der folgenden Kreuzung können Sie über den Weg nach rechts nach ca. 100 m zur inzwischen stark zugewachsenen Klosterruine Brunnenburg gelangen. Noch vor dem Portal der ehemaligen Kirche beginnt auf der linken Seite ein unscheinbar wirkender Pfad, der Sie zu einem 🚹 📷 Aussichtspunkt mit zwei Bänken bringt. Von hier haben Sie einen traumhaften Blick auf eine Lahnschleife. (☞ Seite 83)

✝ Klosterruine Brunnenburg
Das Benediktinerinnenkloster Brunnenburg wurde zwischen 1197 und 1212 von Gisela von Katzenelnbogen, einer Nichte des Grafen von Arnstein, dem Gründer des dortigen Klosters, gegründet. Davor existierte bereits ein Hof oder eine kleine Siedlung namens Brunnenburg. Eine erste urkundliche Erwähnung erfolgte unter dem Namen Brunenburc im Jahr 1224. Das Kloster unterstand in geistlicher Hinsicht dem Abt von Arnstein, der hierzu ständig einen Probst entsandte, der inner-

halb der Klosteranlage das separate Probsthaus bewohnte. Nach Einführung der Reformation wurde Kloster Brunnenburg bereits 1542 aufgelöst und verfiel, nachdem es als Steinbruch genutzt wurde. Heute sind nur noch wenige Reste der Klosterkirche erhalten: der Westgiebel mit dem Portal und der früheren Rosette sowie Teile des Chores und der Seitenschiffe.

Klosterruine Brunnenburg

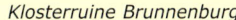

Der Lahn-Camino führt Sie noch ein klein wenig weiter bergauf, und zwar durch den rechten Hohlweg und dann über einen Grasweg entlang einer Wiese, bis Sie am Vierseenblick, wo es auch eine Ruhebank gibt, den höchsten Punkt des Tages erreichen. Leider wird die Örtlichkeit nicht ihrem wohlklingenden Namen gerecht, denn der Ausblick auf vier Abschnitte der Lahn (= vier Seen) wird dem Pilger leider durch hochgewachsene Bäume verwehrt. Weiter geht es für Sie rechter Hand leicht abwärts. Sie wandern nun fast immer parallel zur Lahn, die Sie auch öfters zu Gesicht bekommen. Zwischendurch versperren umgestürzte Bäume den Weg, die Sie jedoch ohne großartige Kletterei überwinden können. Beim Abwärtsgehen hören Sie schon das Rauschen eines Baches, den Sie in einem großzügigen Rechtsbogen umgehen und dann auf dem Weg oberhalb begleiten.

Sie entfernen sich dann immer mehr von dem Bach und erreichen den Brunnenburg-Blick mit einer roten Ruhebank. Neben dem Verlauf der Lahn können Sie aufgrund des Bewuchses nur den oberen Teil des Westgiebels der Kirchenruine vom ehemaligen Kloster sehen. Bald gelangen Sie oberhalb der Lahn an der Hangkante entlang durch schattigen Wald bis zum 🏰 Kalkofen-Blick, wo Sie auf der anderen Lahnseite den Ortsteil Kalkofen der Gemeinde Dörnberg (460 Ew., 🏠 56379) erkennen können. Führt die Lahn Hochwasser, wird der Wasserstand vom dortigen Pegel im Radio bekanntgegeben. Unmittelbar hinter diesem Aussichtspunkt zweigt rechts ein unscheinbarer Pfad in den Wald ab und bringt Sie zum Schleusenbach.

✋ Seien Sie hier vorsichtig, der Pfad ist schmal und könnte rutschig sein.

Früher konnten Sie den Bach über eine kleine Stahlbrücke überqueren, heute schaffen Sie das auch ohne Hilfsmittel und bekommen keine nassen Füße.

Nach der Bachüberquerung geht es noch einmal ein kleines Stück mühevoll aufwärts. Der Weg beschreibt eine Linkskehre und ca. 100 m dahinter müssen Sie aufmerksam sein. Dort befindet sich eine nicht sofort erkennbare Gabelung, an der Sie rechts weitergehen. Hinter der Gabelung führt der schmale Pfad abwärts durch den Wald und stößt nach einer kleinen Kehre über einige Stufen mit Metallgeländer auf einen breiteren Waldweg. Hier wenden Sie sich nach links. Nach einem erneuten kurzen Anstieg macht der Weg eine Linksbiegung und Sie treffen auf ein Feld, wo Sie nach rechts in einen Wiesenweg einbiegen, der Sie parallel zum Feld und Waldrand daran entlangführt. Schließlich stoßen Sie auf einen Wirtschaftsweg, dem Sie geradeaus bis zu einem Abzweig mit Ruhebank folgen.

Hier biegen Sie nach rechts in den Wald und nach wenigen Schritten nach links ab. Vom 🏰 Obernhof-Blick mit Rastplatz haben Sie erneut eine wunderschöne Aussicht in das Lahntal, dieses Mal auf Obernhof. Im weiteren Verlauf durchwandern Sie eine Senke, die allerdings ab dem tiefsten Punkt mit einem weiteren Anstieg aufwartet. Schon bald wird Ihr Weg von einem schmalen Pfad gequert, dem Sie nach rechts abwärts folgen. Sie erreichen die L324, laufen über ein paar Treppenstufen abwärts zur Straße und dort direkt wieder über weitere Stufen nach rechts in den Wald hinein. Am Ende des Pfades befindet sich ein Maschendrahtzaun, der schon bessere Zeiten gesehen hat, und erneut die L324.

Nun sollten Sie besonders aufmerksam sein, denn Sie müssen bis zur nächsten Haarnadelkurve, die mit einem Gedenkkreuz versehen ist, entlang der L324 gehen. Nutzen Sie dann ab den ersten Häusern wieder den Gehweg entlang der Seelbacher Straße. Das Zentrum von Obernhof mit den Unterkünften finden Sie,

Rastplatz mit Blick auf Obernhof

wenn Sie hier geradeaus weitergehen, während Sie das Etappenziel, das Kloster Arnstein, nach 1 km erreichen, indem Sie links in die Arnsteiner Straße abzweigen. Sie gehen über eine Steinbrücke über den Dörsbach und gelangen zur Klostermühle (heute beherbergt sie ein Freizeitheim mit Bibelschule der Missionsgemeinschaft der Fackelträger) sowie auf der anderen Straßenseite zu einem Friedhof und der von Strauchwerk verdeckten Ruine der ✠ St.-Margareta-Kirche. Bleiben Sie auf der Straße, die jetzt nach Pater Damian de Veuster von den Arnsteiner Patres benannt ist. Pater Damian kümmerte sich im 19. Jh. auf der hawaiianischen Insel Molokai um Leprakranke und galt als Apostel der Aussätzigen. 2009 wurde er von Papst Benedikt XVI. heiliggesprochen. Am Ende der Straße erreichen Sie das Kloster Arnstein mit der ✠ romanischen Klosterkirche und damit das Ziel der Etappe.

Obernhof   380 Ew., 56379, 🚌 🚐 🛏 ⛺ ✕ ✠

🛏 ✕ Hotel am Goetheberg, Hauptstraße 18, 650 m vom Weg, ☎ 026 04/944 66 46, ✉ kontakt@hotel-am-goetheberg.de, 🖥 www.hotel-am-goetheberg.de, EZ ab € 56, DZ ab € 80, inkl. Frühstück, 🐾

🛏 Haus Fumiko, Seelbacher Straße 3, 300 m vom Weg, ☎ 026 04/230 99 40, 📱 01 57/52 26 74 19, ✉ fumiko@famjensen.de, 🖥 www.hausfumiko.net, DZ ab € 44 (Gemeinschaftsbad), Frühstück € 6 p. P.

- Gästehaus Ina-Maria, Schulstraße 5, 500 m vom Weg, ☎ 026 04/329 38 88, ✉ ina.kalwatoo@googlemail.com, 🖥 www.gaestehaus-ina-maria.de, DZ ab € 60, Appartement ab € 68, Frühstück € 8 p. P.
- ◆ Ferienwohnung Klose, Hauptstraße 35, 750 m vom Weg, ☎ 026 04/62 71, ✉ klose@fewo-klose-obernhof.de, 🖥 www.fewo-klose-obernhof.de, EZ ab € 30, DZ ab € 54, Frühstück nach Absprache
- ⚠ Campingplatz Obernhof, Am Bahnhof, 150 m vom Weg, ☎ 026 04/941 90 26, ✉ kanuwolff@aol.com, 🖥 www.campingplatz-obernhof.de, 🗓 April-Oktober, € 5 p. P., € 3 pro Zelt, 🐕

Weg durch Obernhof

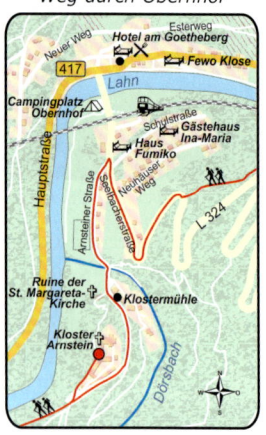

Im Jahr 2016 feierte die Gemeinde Obernhof ihr 750-jähriges Jubiläumsfest, denn 1266 wurde ein im Besitz des Klosters Schönau befindlicher Hof Ovindail an Arnstein verpachtet. Bereits vor dieser Zeit kultivierten die Klöster die steilen Hänge an der Lahn mit Weintrauben. Im 12. Jh. bestanden in Nassau erste Weinberge und bis zum 14. Jh. ist durch zahlreiche Urkunden, vor allem vom Kloster Arnstein, der Weinanbau im Lahntal von Limburg bis Lahnstein nachgewiesen. Diese Dokumente enthalten Angaben über Bezeichnungen von Lagen, über Größe der Anbauflächen und vieles mehr. Im benachbarten Weinähr, das zum Herrschaftsgebiet des Klosters gehörte, entstand ein größeres Weingut mit bevorzugten Lagen. Inzwischen werden an der Lahn nur noch die Lagen Goetheberg in Obernhof und Giebelhöll in Weinähr bewirtschaftet. Heute zeigt sich die Lahngemeinde als freundlicher Fremdenverkehrsort, der als Hauptattraktion mit dem Kloster Arnstein aufwarten kann. Informationen erhalten Sie über den Verkehrsverein (🖥 www.obernhof.net/tourismus).

✝ Ruine der St.-Margareta-Kirche

Die Ruinen der Kirche unterhalb des Klosterberges lassen heute noch erahnen, um welch prachtvollen Bau es sich dabei gehandelt haben muss. Dabei war Seelbach, auf dessen Grund und Boden die Kirche stand, nur ein kleiner Ort. Wahrscheinlich wurde die Kirche im 10. Jh. errichtet und befand sich im Eigentum von Graf Ludwig III. von Arnstein. Dieser übertrug bei der Gründung von Kloster Arnstein auch die Pfarrkirche St. Margareta auf das Kloster. Die Kirche war reichlich mit wertvollen Reliquien ausgestattet, wie z. B. die des heiligen Antonius, des Papstes Fabian und des heiligen Sebastianus, sowie mit dem Gürtel der heiligen Elisabeth von Thüringen. Diesen ließen sich Frauen umlegen, die auf eine problemlose Schwangerschaft und Geburt hofften. Zu Beginn des 19. Jh. feierten die Seelbacher ihre Gottesdienste dann nicht mehr in der Pfarrkirche, sondern in der Klosterkirche. 1813 übernahm die Gemeinde diese und überließ die Pfarrkirche im Gegenzug dem Herzogtum Nassau zur Verwertung. Noch im selben Jahr wurde sie für 500 Gulden veräußert und der neue Eigentümer machte das Inventar und sogar das Mauerwerk zu Geld. Der Rest verfiel im Laufe der Zeit und ging nach dem Zweiten Weltkrieg an das Land Rheinland-Pfalz über. Heute findet man noch die Reste der Wände des Langhauses und die Rückseite des Chores vor.

✞ Kloster Arnstein

Noch vor dem Kloster war die Anhöhe über Obernhof mit einer Burg bebaut, die als Herrschaftssitz der Grafen von Arnstein erstmals 1052 urkundlich erwähnt wurde. Von dieser Burg sind nur noch ein paar Mauern und der Südwestturm erhalten, der heute als Kirchturm Bestandteil der Klosterkirche ist. Erst der letzte Arnsteiner Graf, Ludwig III., gab das weltliche Leben auf und gestaltete seine

Blick auf die Lahnschleife

Pilger unterwegs

Burg in ein Prämonstratenser-Kloster um. Zugleich trat er nach einem bis dahin ausschweifenden Leben selbst als Laienbruder in das Kloster ein. Sein dem Kloster übertragenes Vermögen wurde unter anderem für weitere Klostergründungen im heutigen Rheinhessen genutzt. 1208 wurde die schon länger fertigge-stellte Kirche geweiht. 1360 erfolgte die Einwölbung im go-tischen Stil und die Erhöhung von Ostchor und Osttürmen. Nachdem Obernhof dann Teil des Gebietes der Nassau-er Grafen geworden war und diese die Reformation einführten, suchte das Kloster Schutz beim Trierer Erzbischof. Ab 1755 wurde die Innenausstattung der Kirche barockisiert. Mit der Säkularisation 1803 wurde – wie vielerorts – das Kloster auf-gehoben und dem Herzogtum Nassau zugesprochen. Nach dem Verkauf 1817 sollten Kirche und Klostergebäude eigentlich nicht mehr sakralen Zwecken die-nen, jedoch bezogen Benediktiner für zwei Jahre die Anlage. Erst 1919 sollte durch die Gründung eines ersten deutschen Konvents der Kongregation von den Heiligsten Herzen Jesu und Mariens und der ewigen Anbetung des Allerheiligsten Altarsakramentes, in Deutschland besser bekannt als Arnsteiner Patres, wieder klösterliches Leben in Arnstein einziehen. Seit 1924 besteht die beliebte Herz-Jesu-Wallfahrt. Leider hat der Orden das Kloster am Ende des Jahres 2018 auf-geben müssen.

Etappe 5: Von Obernhof nach Bad Ems

➲ *18,1 km,* ⏳ *5 Std.,* ↑ *426 m,* ↓ *480 m,* ⇧ *76-353 m*

0,0 km	⇧	26 m	Obernhof (Kloster Arnstein) 🛈 🚌 🍴 ⛺ ✝
5,8 km	⇧	89 m	Nassau (Stiftung Scheuern) 🛈 🚌 🍴 ☕ 🛒 BANK ❀ ♘ ✚ ✝
10,2 km	⇧	353 m	Misselberg (Wegeteilung) 🚌
13,5 km	⇧	215 m	Dausenau (St.-Kastor-Kirche) 🚌 ⛺ 🍴 ☕ ✝
18,1 km	⇧	79 m	Bad Ems (Pfarrkirche St. Martin) 🛈 🚌 🏠 🍴 ☕ 🛒 BANK ❀ ♘ ✚ ✝ ⌘

Der in der ersten Hälfte entlang der Lahn verlaufende, asphaltierte Camino bringt Sie zunächst in den Nassauer Stadtteil Scheuern, wo Sie als Pilger in der Stiftung Scheuern von Menschen mit Behinderung mit einem Pilgerstempel empfangen werden. Nach einer kurzen Rast erklimmen Sie eine Anhöhe bis nach Misselberg, wo sich Ihnen zwei

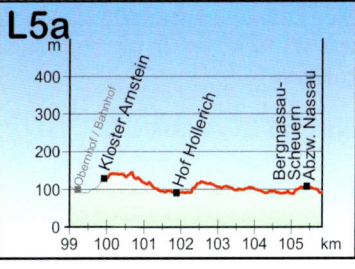

Wegvarianten bieten. Beide Varianten führen Sie in die Kurstadt Bad Ems, deren Zauber aus der Blütezeit im 19. Jh. heute immer noch spürbar ist.

🥾 Verlassen Sie das Kloster Arnstein durch die Pforte. Sie gehen über den asphaltierten Parkplatz und steuern auf den Lahntal-Rad- und Wanderweg zu.

☺ 🥾 Am Ende des Parkplatzes führt ein schmaler, steiler Pfad zum 🚻 📷 Aussichtspunkt Kleine Kanzel, von dem Sie einen atemberaubenden Ausblick auf das Kloster Arnstein und Obernhof haben. Für diesen Abstecher sollten Sie trittsicher und schwindelfrei sein. Überlegen Sie bitte gut, ob Sie den Aufstieg tatsächlich wagen wollen.

Halten Sie sich nun auf dem Wanderweg rechts, der in luftiger Höhe entlang der Hangkante zur Lahn verläuft. In einer Rechtskurve können Sie auf der gegenüberliegenden Seite das Schloss Langenau sehen. Kurz dahinter macht der Weg, der nun am Waldrand und durch die Lahnauen verläuft, einen scharfen Knick nach links und Sie passieren bald die Schleuse Hollerich. Hinter dem ehemaligen Hof Hollerich befindet sich im Schatten

einiger Bäume eine Raststätte. Bleiben Sie weiterhin auf dem asphaltierten Radweg, bis Sie schließlich die B260 im Nassauer Stadtteil Bergnassau-Scheuern erreichen.

Nassau   4.800 Ew., ✉ 56377, ℹ 🚆 🚌 🛳 △ ✕ ☕ 🎾 BANK
♀ 🧑 ✚ ✝ 🍴

ℹ   Tourist-Information, Obertal 9a, 1 km vom Weg, ☎ 026 04/952 50,
🖂 info@nassau-touristik.de, 💻 www.nassau-touristik.de, 🗓 Mai-Oktober Mo-Fr 9:00-13:00 und 14:00-18:00, Sa und So 9:30-13:30, November-April Mo-Do 8:30-17:00 und Fr 8:00-15:00

🛏 ✕ Hotel Restaurant Zur Krone, Römerstraße 10, 700 m vom Weg, ☎ 026 04/45 15,
🖂 info@zurkrone-nassau.de, 💻 www.zurkrone-nassau.de, EZ ab € 45, DZ ab € 76, 🐴

🛏   Pension über der Lahn, Glockenstraße 2, 100 m vom Weg, ☎ 026 04/94 16 12,
🖂 info@nassau-spezial.de, 💻 www.pension-lahnblick.de, Backpacker: Zimmer mit Etagenbad: EZ ab € 20, DZ € 30, Zimmer mit Du/WC: EZ ab € 28, DZ ab € 52, Frühstück € 7 p. P.

♦   Hotel am Rosengarten, Dr.-Haupt-Weg 4, 1,2 km vom Weg, ☎ 026 04/953 70,
🖂 rosengarten-nassau@web.de, 💻 www.rosengarten-nassau.de, EZ ab € 39, DZ ab € 76, inkl. Frühstück

Eine Villa Nassova wurde 915 als Gutshof im Eigentum des Bischofs von Worms, Richgowo, erstmals genannt. Einen ersten Aufschwung erlebte Nassau wohl mit dem Bau der gleichnamigen Burg im ausgehenden 11. Jh. sowie der Verleihung der Stadtrechte durch Kaiser Karl IV. am 26. Juli 1348 – übrigens gemeinsam mit dem benachbarten und heute eingemeindeten Scheuern sowie Dausenau. An die damalige Stadtbefestigung erinnern heute lediglich zwei Türme und ein paar wenige Mauerstücke. Gegenüber den nicht gefreiten Orten der Umgebung blühten Handel und Gewerbe in Nassau deutlich auf, zudem war die Stadt Gerichtsstätte. Nur wenige Jahre nach der Verleihung der Stadtrechte entbrannte ein fürchterlicher Streit zwischen verschiedenen Linien des Hauses Nassau. Während dieser Fehde wurde die Stadt nahezu völlig zerstört und unbewohnbar. In mehr oder weniger unregelmäßigen Abständen sorgten Feuersbrünste und Hochwasser in den folgenden Jahrhunderten für weitere große Schäden.

Echte „Nassauer" lebten übrigens nicht in der Stadt an der Lahn, sondern in Göttingen. Während des Bestehens des Herzogtums Nassau (1806-1866) wurde die dortige Universität mangels einer eigenen Landesuniversität genutzt. Herzog Wilhelm von Nassau traf mit einem Göttinger Gastwirt die Vereinbarung, dass arme Studenten aus seinem Herzogtum dort eine Mahlzeit zu sich nehmen

Nassau (Lahn)

0 m — 150 m

Burgbergweg
Bahnhofstraße 417
Leifheitstraße
Bezirksstraße
Lahn
Am Burgberg
L332
Sulzbach
Philosophenweg
Am Burgberg
Im Rosengarten
Mühlbach
Glockenstraße
Emser Straße
Bahnhausweg
Dr.-Haupt-Weg
Am Kunpark
Am Elmelsturm
Mühlpforte
Bachgasse
Marktplatz
Gerhart-Hauptmann-Straße
Hintergasse
Armstraße
Obertal
Kaltbachstraße
Oberer Bongert
Unterer Bongert
Westerwaldstraße
Ackenbach
Hornbacher Straße

1. Stiftung Scheuern
2. Burg Nassau
3. Burg Stein
4. Denkmal Heinrich Fr. Karl Freiherr vom und zum Stein
5. Kettenbrücke
6. Ev. St.-Johannes-Kirche
7. Adelsheimer Hof
8. Steinsches Schloss

A. Pension über der Lahn
B. Hotel Restaurant Zur Krone
C. Hotel am Rosengarten

Bergnassau-Scheuern 260

STEPMAP © Stepmap, 123map. Daten: OpenStreetMap, ODbL

konnten. Ein unbesetzter Platz am Nassauer Freitisch blieb jedoch nicht lange frei: Andere Studenten gaben sich als Nassauer aus und ließen sich bewirten. Noch heute ist ein Nassauer jemand, der sich unter einem Vorwand unberechtigt eine Leistung verschafft. Bewiesen ist diese Geschichte jedoch nicht …

Eine letzte großflächige Zerstörung erlebte das inzwischen zur Kurstadt gewordene Nassau im Februar und März 1945 bei zwei Bombenangriffen der Alliierten gegen Ende des Zweiten Weltkrieges. Als Begründung gaben die

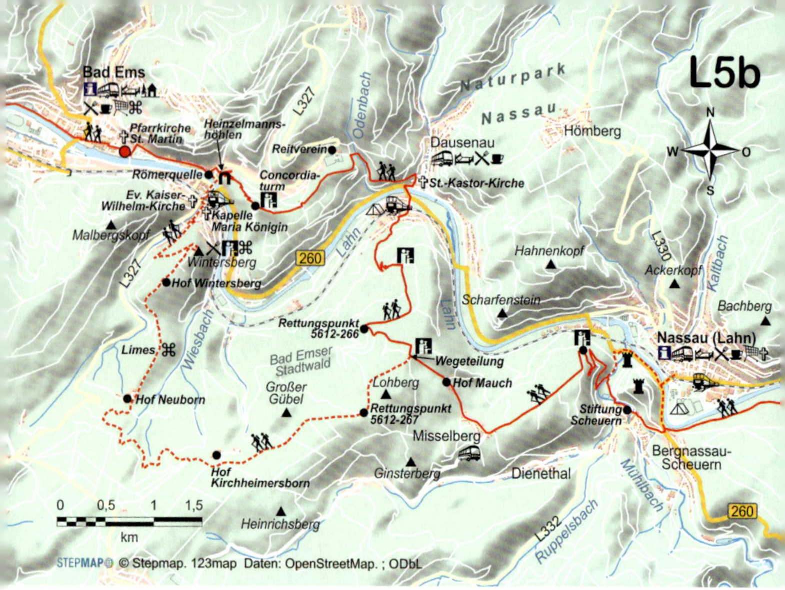

Angreifer an, dass der Bahnhof als Verladestation für Munition und Bauteile der berüchtigten V2-Rakete gedient habe. Trotz der entsprechenden Markierungen mit dem Roten Kreuz wurden Kurhaus und Feldlazarett sowie die Innenstadt mit Brandbomben angegriffen und zu 80 % zerstört. Das Kurhaus wurde nicht mehr aufgebaut, die Heilquelle versiegte nach einem Bombentreffer – damit endete auch die Zeit als Kurstadt.

Heute lädt die Stadt nach einer Innenstadtsanierung in der jüngeren Vergangenheit zum Wohnen, Einkaufen und Erholen ein. Neben Schulen, einem Krankenhaus und zahlreichen Freizeit- und Kulturangeboten bietet das Städtchen einiges zum Wohlergehen seiner Bewohner und Gäste.

✎   Bevor Sie Ihren Weg fortsetzen, besteht die Möglichkeit zu einem Abstecher zur ♟ Burg Nassau. Der 600 m lange Weg hinauf ist recht steil, jedoch wird der zauberhafte 🏰 Ausblick vom Bergfried ein gerechter Lohn für Ihre Mühen sein.

♟ Burg Nassau

Die Region Nassau gehörte im ausgehenden 10. Jh. dem Hochstift Worms und wurde durch die als Vögte eingesetzten Herren von Laurenburg verwaltet. Durch die bevorzugte Lage an der Lahn und an Handelswegen war es nur eine Frage der Zeit, wann auf der Anhöhe bei Nassau der Bau einer befestigten Anlage beginnen würde. Dies geschah dann auch zum Ende des 11. Jh., wahrscheinlich durch die Laurenburger. Zunächst entstand ohne Genehmigung auf dem immer noch zu Worms gehörenden Land ein Wohnturm. Es entbrannte ein heftiger Streit, der erst durch ein vom Trierer Erzbischof Hillin initiiertes Tauschgeschäft geschlichtet wurde. Dabei wurden die Laurenburger 1159 mit der Burg und der Stadt belehnt und nannten sich von da an Herren von Nassau. Erstmals wurden die Grafen von Nassau in einer Urkunde mit Heinrich von Nassau 1160 erwähnt. Zu Beginn des 13. Jh. wurde die Burg mit dem Palas erweitert und es kam zu einer Teilung des Geschlechts in die Walramische und die Ottonische Linie. Ab dem 14. Jh. teilten sich die Linien weiter auf, wobei vor allem aus der Ottonischen Linie die Herrscherhäuser von Luxemburg und den Niederlanden entstanden. Nachdem ein erster Verfall der Burg zu Beginn des 16. Jh. durch Adolf III. von Nassau-Wiesbaden mit Ausbesserungen noch aufgehalten werden konnte, wurde der nicht mehr als Residenz genutzte Bau im 18. Jh. als Steinbruch von der Nassauer Bevölkerung genutzt. Große Teile der Burganlage verschwanden für immer und der verbleibende Rest wurde am Ende des Zweiten Weltkrieges 1945 ein Opfer von Bomben. Erst in den Siebzigerjahren des 20. Jh. wurden Palas, die Ringmauer und die oberen Geschosse des Bergfriedes neu errichtet.

♟ Burg Stein

Die Familie Stein zu Nassau oder auch vom und zum Stein war ein altes Adelsgeschlecht, das bereits 1195 erstmals urkundliche Erwähnung fand. Ihr wurde die Burg Stein als Lehen der Grafen von Nassau überlassen. Ein konkretes Datum der Erbauung ist nicht überliefert, jedoch sollte die Burg als Vorposten die Grafenburg schützen.

Später dehnte Familie Stein zu Nassau ihre Herrschaft aus, zunächst gehörte Schweighausen zum Herrschaftsgebiet, später auch Frücht. Kaiser Friedrich III. erhob das Geschlecht im 15. Jh. zu Zeiten des Philipp vom Stein, damals Amtmann in Nassau, in den Stand der Reichsfreiherren. 1621 siedelten die Freiherren von Burg Stein in ihren Zehnthof nach Nassau um und bauten diesen zu einem Schloss aus. Die Burg verfiel im Laufe der Zeit und die Überbleibsel fielen gegen Ende des Zweiten Weltkrieges einem Bombardement zum Opfer. Bekanntester Vertreter der Familie und zugleich letzter Eigentümer der Stein'schen Güter war Freiherr Heinrich Friedrich Karl vom und zum Stein (1757-1831), der sich als preußischer Staatsmann und Reformer einen Namen machte.

✎   Einen weiteren Abstecher, der die Etappe um ca. 1 km verlängert, können Sie auch in die Stadt Nassau selbst machen. Hierzu gehen Sie rechts abwärts bis zur Kettenbrücke und überqueren die Lahn. Dabei sehen Sie schon den weißen Turm der ✝ evangelischen St.-Johannes-Kirche, zur der Sie gelangen, indem Sie hinter einem Kiosk links in die Kettenbrückenstraße einbiegen. Wenn Sie der Straße folgen, erreichen Sie den Adelsheimer Hof aus dem frühen 17. Jh., in dem bis vor Kurzem die Verbandsgemeindeverwaltung Nassau ihren Sitz hatte. Nach der Fusion mit der Verbandsgemeinde Bad Ems wird derzeit über eine anderweitige Nutzung nachgedacht. Links dahinter befindet sich das Stein'sche Schloss, das Geburtshaus des Freiherrn vom und zum Stein. Das Schloss ist heute noch in Privatbesitz und für den Besucherverkehr nicht zugänglich.

✝ Evangelische Kirche St. Johannes
Die spätromanische Kirche wurde im 11. Jh. erbaut und im Zweiten Weltkrieg mit Ausnahme des Turmes fast vollständig zerstört. Glücklicherweise blieben ein frühgotischer Taufstein, einige Grabplatten aus dem 15.-17 Jh. sowie eine der ältesten noch vorhandenen Glocken aus dem Jahr 1480 erhalten. Nach dem Krieg erfolgte der Wiederaufbau nach alten Ansichten und Plänen.

🚶🚶   Um auf den Lahn-Camino zurückzugelangen, haben Sie ab der Kettenbrücke zwei Möglichkeiten. Zum einen können Sie links aufwärts den gleichen Weg zurückgehen und über die Stiftung Scheuern laufen. Sie können aber auch nach rechts an der Lahn und an der B260 entlanggehen. Nach der Überquerung des Mühlbaches wechseln Sie mittels einer Unterführung die Seite und wandern auf den Waldrand zu. Dort biegen Sie in einen Waldweg nach links ab, passieren einen Grillplatz und treffen wieder auf den markierten Camino.

🚶🚶   Wenn Sie nicht nach Nassau gehen möchten, halten Sie sich links und überqueren die B260 über den Zebrastreifen. Sie wenden sich anschließend nach rechts und gehen dann nach links abwärts in Richtung Scheuern. In der folgenden Linkskurve der Straße biegen Sie nach rechts ab, überqueren den Mühlbach und befinden sich auf dem Gelände der Stiftung Scheuern. Sie laufen geradewegs auf eine Verkaufshütte unter einem Baum zu, an deren Seite sich der ⊙ Pilgerstempel in einem mit der Jakobsmuschel verzierten Holzkästchen befindet. Ich lege Ihnen jedoch ans Herz, Ihren Stempel bei den Bewohnern in der Tagesförderstätte (Tafö) im Haus Bodelschwingh (🕐 Mo-Fr 8:00-17:00) rechts nebenan oder am Wochenende im ✕ Bistro Orgelpfeife (🕐 Sa, So 12:00-21:00) abzuholen. Sie werden bereits freudig erwartet und tragen zu gelebter Inklusion bei! Ein kunstvoll gestalteter Wegweiser aus der eigenen Holzwerkstatt zeigt Ihnen den Weg zu den jeweiligen Stempelstellen und gibt auch die Öffnungszeiten an. Übrigens betreuen die Besucher der Tafö im Rahmen eines Umweltschutzprojektes mehre Vogelnistkästen und Insektenhotels auf dem Gelände der Stiftung und tragen damit zum Artenschutz bei.

Stiftung Scheuern

Die Stiftung Scheuern ist eine diakonische Einrichtung der Behindertenhilfe. 1850 in Hömberg bei Nassau als ein „Rettungshaus für verwahrloste streunende Buben" gegründet, wurde schon ein Jahr später in das Schloss Langenau bei Obernhof und 1855 in das Schlösschen nach Scheuern umgezogen. 1869/70 erfolgte die Umwandlung in ein Heim für Menschen mit geistiger Behinderung. Während des Nationalsozialismus erlebte Scheuern seine dunkelste Zeit und war für rund 1.500 Menschen die letzte Station auf dem Weg in die Tötungsanstalten des Euthanasie-

Kunstvoller Wegweiser in der Stiftung

Mordprogrammes. Erst nach dem Krieg wurde die Bindung zur evangelischen Kirche erneuert und der Schwerpunkt auf eine Sonderschule für Lernbehinderte gelegt. In den 1960-/1970er-Jahren wurden sogenannte „Beschützende Werkstätten" aufgebaut, in denen die Bewohner in verschiedenen Arbeitsfeldern der Einrichtung mitarbeiteten. Ab 1973 wurde die Lebensbegleitung praktisch bildbarer und schwerstbehinderter Menschen zum neuen Schwerpunkt. Im Laufe der Zeit wurden die Wohnbereiche umgebaut, sodass Bewohner ein weitgehend selbständiges Leben führen können. Hierzu werden sie besonders geschult und begleitet.

An der Hütte gehen Sie rechts und dann am Ziegenstall vorbei und verlassen am Ende des gelben Hauses das Stiftungsgelände nach rechts über eine Gitterrostbrücke über den Mühlbach. Hinter der Brücke geht es links und an der folgenden Gabelung rechts weiter. Wandern Sie auf dem breiten Schotterweg aus dem kleinen Waldstück heraus über eine große Wiese zu einer Stahlbrücke. Hier dürfen Sie zum dritten Mal den Mühlbach überqueren und biegen danach links ab. Nun beginnt der beschwerlichste Abschnitt des heutigen Tages. Der Weg führt steil aufwärts und nach rund 200 m gehen Sie rechts weiter, bis Sie eine Relaxliege mit Ausblick auf Nassau erreichen. An der folgenden Kreuzung nehmen Sie den linken Weg, um dann an der nächsten Gabelung mit Ruhebank rechts weiterzulaufen. Schon bald haben Sie eher schlechten Asphalt unter den Füßen, der aber im Verlauf immer besser wird. Bleiben Sie unbedingt auf diesem geteerten Fahrweg. Von einem hölzernen Aussichtstempel können Sie noch einmal nach Nassau zurückblicken, bevor Sie an großflächige Äcker gelangen. Halten Sie sich zunächst links und gehen Sie auf einen Hochsitz zu. Kurz davor beschreibt der Feldweg eine Rechtskurve und steuert geradewegs und erneut stark ansteigend auf den Waldrand zu.

Blick auf Misselberg

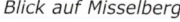

Ab dort laufen Sie, nun wieder auf Asphalt, an einem kleinen Friedhof vorbei nach Misselberg (100 Ew., 🖩 56377, 🚌). Werfen Sie einmal einen Blick nach rechts, dort erkennen Sie im Lahntal liegend Dausenau mit der St.-Kastor-Kirche. Hinter dem Spielplatz und der Bushaltestelle wenden Sie sich nach rechts in die Taunusstraße und laufen am Gemeindehaus und einem ehemaligen Gasthaus vorbei aus dem Dorf heraus bis zum Hof Mauch. Hier baut die Stiftung Scheuern Obst an, vornehmlich Äpfel und Steinobst. Sie finden auf dem Hofgelände außerdem ein großes Insektenhotel, das in den Werkstätten der Stiftung angefertigt wurde. Gehen Sie hinter dem Hof an der Garage vorbei den Schotterweg aufwärts. Sie passieren Streuobstwiesen und eine Scheune und erreichen schließlich eine große Kreuzung. Wenn Sie weiter geradeaus marschieren, stoßen Sie auf eine blaue Hinweistafel, die über die frühere Variante und heutige Hauptroute des Lahn-Caminos zur St.-Kastor-Kirche nach Dausenau informiert. Gönnen Sie sich hier ruhig auch noch einmal einen Blick zurück auf die hinter Ihnen liegenden Taunushöhen – es lohnt sich.

✍   Möchten Sie lieber auf der Höhe und am Limes weiterlaufen, verlängert sich die heutige Etappe auf 20,1 km. Dafür entgehen Sie aber auch einigen steilen Passagen. Diese Route war früher als offizieller Abschnitt des Lahn-Caminos von Misselberg nach Bad Ems ausgewiesen. Halten Sie sich an der Informationstafel links und pilgern Sie an einer Sitzgruppe vorbei auf dem breiten Waldweg weiter. Der Wald ist hier sehr licht, nachdem ein Sturm viele der flachwurzelnden Nadelbäume einfach umgepustet hat. Bleiben Sie immer auf diesem Weg, auch nachdem Sie eine Absperrschranke und das Hinweisschild für den Rettungspunkt mit der Nummer 5612-267 passiert haben. Sie erreichen am Waldrand eine lang gezogene Ackerfläche, an der sich mehrere Hochsitze und ein kleiner Rastplatz befinden. Am Horizont erkennen Sie bereits die Gebäude des Hofes Kirchheimersborn. Der Feldweg mündet in die asphaltierte Zufahrtsstraße des Hofes. Kurz hinter einem Trafohäuschen und einer Linkskurve verlassen Sie die Straße nach rechts abwärts in den Wald hinein. Am Scheitelpunkt einer Rechtskurve wenden Sie sich nach links und umlaufen großzügig ein kleines Tal. Nach rund 1,5 km gelangen Sie an einen Hochsitz mit Metallleiter, wo eine unscheinbare Kreuzung ist. Hier biegen Sie nach rechts in den steil abfallenden Weg ein. Wenn Sie aufmerksam sind, erkennen Sie in den Grabensystemen neben sich die noch sichtbaren Überreste des obergermanischen Limes.

Am folgenden Waldweg gehen Sie nach rechts weiter. Verpassen Sie es aber nicht, nach 150 m den oft mit Laub bedeckten Abzweig zum Hof Neuborn zu nehmen, der Sie halb links abwärts zunächst an eine Scheune und anschließend an ein Wohnhaus führt. Laufen Sie rechts am Haus und im weiteren Verlauf an einem großen Stall und Ackerland vorbei. An der nächsten Kreuzung erwartet Sie an dem gegenüberliegenden Pfad die Nachbildung eines Grabens mit römischer Palisadenwand und die konservierten Mauerreste des Wachturms 2/2 aus Stein.

⌘ Limes

Der Limes war eine rund 550 km lange Grenzanlage zwischen dem römischen Reich und Germanien. Diese entstand vor etwa 2.000 Jahren und wurde erst nach 500 Jahren aufgegeben. Die Anlagen bestanden zunächst aus Gräben, die im Laufe der Zeit mit Holzpalisaden oder Steinmauern verstärkt wurden. In der Nähe wurden zumeist Kastelle angesiedelt und in Sichtweite Wachtürme aus Holz oder Stein angelegt. So konnten Nachrichten durch Signale rasch an die benachbarten Türme und Lager weitergegeben werden. Oftmals entstanden in der Nähe der Kastelle Siedlungen, die sich am regen Handel mit den Germanen beteiligten.

🥾   Hinter den Turmfragmenten führt Sie ein kaum sichtbarer Pfad abwärts zu einem Waldweg, der in die Zufahrtsstraße zum Wintersberg mündet. Hier geht es noch einmal ein kurzes, knackiges Stück aufwärts. Bleiben Sie auf dieser Straße. Sie erreichen am Hof Wintersberg vorbeilaufend den Wintersberg, wo Sie neben dem 1874 auf den Originalfundamenten errichteten Römerturm – übrigens die älteste Rekonstruktion eines Römerturmes in Deutschland – auch von einem ✕ Restaurantbetrieb (🍽 Mi-So ab 12:00) erwartet werden. Außerdem können Sie von hier einen 📷 wunderschönen ersten Blick auf Ihr Tagesziel Bad Ems werfen.

Nach der wohlverdienten Pause gehen Sie zwischen Turm und Geländer nach links bis zu einer kleineren Wegekreuzung. Dort geht es geradeaus durch kühlenden Mischwald sanft abwärts. An der folgenden Kreuzung wählen Sie den rechten Weg bis zu einer Metallgarage, wo Sie links und direkt wieder rechts in die Wintersbergstraße abbiegen. Am Ende dieser Straße stoßen Sie auf die 1661 erbaute, barocke ✝ Kapelle Maria Königin, die mit der letzten gebauten Orgel der Bad Emser Orgelbauerfamilie Schöler aus dem Jahr 1832 ausgestattet ist. Hier gehen Sie nach links zur L327 und dort nach rechts und ein paar Schritte weiter durch die Unterführung unter dem Bahnhof hindurch zum Bahnhofsplatz. Wenn Sie nach links schauen, sehen Sie hinter sich die 1899 vollendete ✝ evangelische Kaiser-Wilhelm-Kirche.

Nun ist es nicht mehr weit bis zum Ziel. Über die Bahnhofstraße gelangen Sie zur Lahn und der Ottmar-Canz-Brücke, benannt nach einem beliebten verstorbenen Bad Emser Stadtbürgermeister. Überqueren Sie die Lahn und wenden Sie sich nach links, um auf der Jacques-Offenbach-Promenade entlang der Lahn durch das Kurviertel zu flanieren. An der Römerquelle treffen Sie auch wieder auf die Hauptroute des Lahn-Caminos.

Wenn Sie sich dazu entscheiden, dem Hauptweg über Dausenau nach Bad Ems zu folgen, gehen Sie an der Hinweistafel nach rechts. Es geht hier bereits leicht abwärts. An einer durch Windbruch lichten Stelle im Wald erreichen Sie eine Kreuzung, an der Sie nach rechts abbiegen. Es folgt ein Anfahrtspunkt für Rettungsfahrzeuge. Hier halten Sie sich ebenfalls rechts und verbleiben ca. 600 m auf diesem breiten Waldweg, bis dieser sich teilt. Dort müssen Sie nach links abwärts auf einen Feldweg einbiegen. Sie erreichen den Waldrand und einige Weiden. Gehen Sie an dem Hochsitz zu Ihrer rechten Seite geradeaus vorbei und nehmen Sie an der nächsten T-Kreuzung den linken Abzweig. Von hier können Sie bereits einen Blick auf Dausenau werfen. In der Nähe eines Jägerzaunes gehen Sie am Scheitel der nächsten Kurve weiter geradeaus in einen unscheinbaren Pfad, der sich weiter abwärts windet.

Schließlich erreichen Sie kurz nach einem nicht mehr genutzten Wochenend-haus einen weiteren Weg, dem Sie nach rechts folgen. An den beiden folgenden Gabelungen halten Sie sich jeweils links. Am Ende des Schotterweges erreichen Sie Dausenau und überqueren die große Kreuzung geradeaus. Rechts von Ihnen befin-det sich ein Carport, an dem Sie nach rechts abbiegen. Danach überqueren Sie nach links die Bahntrasse sowie anschließend die Lahn. Hinter der Lahnbrücke wen-den Sie sich nach rechts, wo sich eine 1.000-jährige Eiche und der mittelalterliche Torturm befinden. Die Markierungen führen Sie noch vor dem Turm nach links zur Ackertspforte, von wo Sie auf Höhe der Friedhofskapelle Zugang zur ✝ evange-lischen St.-Kastor-Kirche (🕐 Ostern bis Oktober Sa, So, FT 14:00-17:00) haben.

Dausenau mit St. Kastor-Kirche

Dausenau   1.250 Ew., ⌷ 56132, 🚍 🚌 🛏 △ ✕ ☕ ✝

🛏 ✕ Hotel Lahnhof, Lahnstraße 3, am Weg, ☎ 026 03/61 74,
    ✍ hotel.lahnhof@t-online.de, 🖥 www.hotel-lahnhof.de, EZ ab € 46, DZ ab € 76,
    Dreibettzimmer ab € 102, Zimmer mit Etagenbad: EZ € 40, DZ € 64, inkl. Frühstück

△ Campingplatz Dausenau, Hallgarten 16, 100 m vom Weg, ☎ 026 03/139 64,
    ✍ info@canutours.de, 🖥 www.campingplatz-dausenau.de, 🗓 April-Oktober,
    € 7,50 p. P., € 4 pro Zelt, 🐎

Weg durch Dausenau

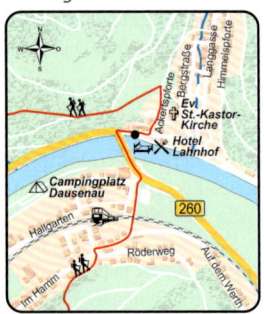

Duzenowe erfuhr eine erste urkundliche Erwähnung 1234, zehn Jahre später wurden zwei Vertreter des niederen Adels im Nekrolog von Kloster Arnstein benannt. Der Ort selbst muss aber wesentlich älter sein, da man bei Untersuchungen von Bauholz aus dem Turm der St.-Kastor-Kirche als Fällungsjahr 1179 festgestellt hat. Am 26. Juli 1348 erhielt Dausenau zusammen mit Nassau und Scheuern auf Betreiben der Nassauer Grafen die Stadtrechte, um deren Stammburg weitläufig abzusichern. Noch heute findet man imposante Reste der damaligen Stadtmauer und Stümpfe von Türmen vor. Erhalten sind vor allem der Torturm im Westen und der schiefe Turm im Osten, der inzwischen die stärkste Neigung aller bekannten „schiefen" Türme aufweist. Trotz der Enge des Dausenauer Tales wurden große Märkte abgehalten und es entstanden zahlreiche Handwerkerzünfte. Aber auch Landwirtschaft, Weinanbau (erst 1991 eingestellt) und Bergbau prägten die Wirtschaft im Spätmittelalter. Heute ist Dausenau aufgrund seiner ruhigen Lage im Lahntal zu einer beliebten Wohnsiedlung geworden.

✝ ⊙ Evangelische Kirche St. Kastor

Da keine verlässlichen Unterlagen zur Baugeschichte der St.-Kastor-Kirche vorliegen, ergaben erst Untersuchungen der Jahresringe von Holzteilen des weitgehend noch original erhaltenen Dachstuhles der Kirche ein ungefähres Baujahr. Nach Auswertung der Proben stellte man fest, dass der Turm einer romanischen Kirche um das Jahr 1179 errichtet wurde, also deutlich vor der ersten urkundlichen Nennung von Dausenau im Jahr 1234. Diese Vorgängerkirche wurde auch bei Ausgrabungen 1991 durch die Freilegung von Mauerresten im Inneren bestätigt. Weiterhin wurden bei diesen Arbeiten Gräber gefunden, in denen auch Bruchstücke einer Jakobsmuschel zutage kamen. Die heutige frühgotische Hallenkirche ist gemäß den Untersuchungsergebnissen nach 1312 begonnen worden und wahrscheinlich 1319 fertiggestellt geworden. In diesem Jahr verlieh nämlich Graf Gerlach von Nassau-Idstein der Kirche sein Haus in Dausenau samt dem angrenzenden Garten für einen Jahreszins von 12 Denaren und 3 Hellern. In der entsprechenden Urkunde wurden zudem mit Maria, Maria Magdalena und Kastor gleich drei Patrone der Kirche benannt. Zu Beginn des 14. Jh. erfolgte die Trennung von der Mutterkirche in Ems und die Erhebung zur Pfarrkirche. 1538 wurde in Dausenau die Reformation eingeführt. Noch heute können Sie den um 1470 entstandenen Marienaltar sowie Wandmalereien aus dem 14.-16. Jh., u. a. mit einer Darstellung des Pilgerapostels Jakobus d. Ä., bestaunen.

Den Pilgerstempel finden Sie, wenn Sie um die Kirche herumgehen, an der Infotafel zur früheren Sakristei. Dort befindet sich in einer Nische ein Kästchen mit dem Stempel. Sollten Sie bei verschlossener Kirche Interesse am Inneren haben, melden Sie sich bei Familie Walter in der Kirchgasse 6. Bei Anwesenheit wird Ihnen die Kirche gerne aufgeschlossen und gezeigt.

🏃 Nach dem Kirchenbesuch treten Sie wieder auf die Ackertspforte, wenden sich nach rechts und biegen auf Höhe des Ackertsturmes nach links in einen Feldweg ein. Ignorieren Sie den von rechts einmündenden und anschließend den nach links abzweigenden Weg. Hinter dem letzten Wochendhaus folgen Sie an der Gabelung dem rechten Zweig, der zunächst steil aufwärts und über den Odenbach führt. Vor Ihnen befindet sich eine Kreuzung und im Hintergrund die Anlage eines Reitvereins. Hier biegen Sie nach links ab und nach ca. 100 m noch einmal nach rechts aufwärts auf einen Waldpfad. Dieser mündet in einen von rechts dazustoßenden Weg, dem Sie nach links folgen. Nun wandern Sie auf dem Kamm eines Bergrückens, teilweise parallel zum Schießgelände des Bad Emser Schützenvereins, bis zu einer Kreuzung. Dort geht es halb rechts auf der asphaltierten Straße weiter aufwärts. Vor dem ersten Baum wechseln Sie nach links auf den Trampelpfad entlang des Ackers, der in einem steilen Wiesenpfad seine Fortsetzung findet. An einer Ruhebank nutzen Sie wieder die Straße und erreichen nach wenigen Schritten den 1861 auf dem Bäderlei-Felsen errichteten 🏛 📷 Concordiaturm. Genießen Sie den tollen Ausblick auf die Kurstadt Bad Ems aus 236 m Höhe, der sich Ihnen nach 77 Treppenstufen offenbart. Sie werden begeistert sein. Sollten Sie zu den Öffnungszeiten (🕐 Mi, Do 17:00-22:00, Fr, Sa, So 12:00-22:00) des hier ansässigen Restaurants eintreffen, besteht sogar die Möglichkeit zur Einkehr.

Nun geht es an den Abstieg in die Stadt. Hinter dem Concordiaturm bringt Sie ein Pfad auf dem Felsgrat sicher abwärts. Unterwegs passieren Sie drei Aussichtspunkte, die von Verliebten gerne aufgesuchte Mooshütte und eine hübsche Aussichtsterrasse.

✤ Wenn Sie sich die sagenumwobenen Heinzelmannshöhlen ansehen möchten, müssen Sie ein kurzes Stück hinter der Terrasse an der Gabelung den linken Zweig wählen. Tatsächlich entstanden die Höhlen durch chemische Reaktion mit dem Kalkstein im Pleistozän, also vor „rund" 2,5 Millionen Jahren. Über ein paar Treppenstufen gelangen Sie wieder auf den parallel verlaufenden, rechten Zweig des Weges.

Seien Sie kurz darauf nicht überrascht, denn der Weg endet tatsächlich im Treppenhaus eines Parkhauses an der Grabenstraße. Wenden Sie sich am Ausgang nach links und gehen Sie abwärts, bis Sie die Lahn erreichen. Dort treffen Sie auf die Alternativroute, die von Misselberg über den Wintersberg ins Tal geführt hat.

Die Markierungen führen Sie nun nach rechts an der Römerquelle vorbei und durch den Torbogen des Kurhauses entlang der Römerstraße und des Kurparks. Leider durfte der Weg nicht durch den Kurpark markiert werden, der eigentlich der schönste Bereich der Kurstadt mit Kursaal und Spielcasino ist. Von dort könnten Sie sich an einem wunderschönen Blick auf das Ensemble von Lahnspringbrunnen und der ✟ russisch-orthodoxen Kirche der hl. Alexandra erfreuen. Schließlich treffen Sie auf das frühere Rathaus der Stadt und biegen nach links ab in die Straße Am alten Rathaus, um an der nächsten Kreuzung rechts Ihr Tagesziel, die ✟ katholische Pfarrkirche St. Martin, zu erreichen.

Bad Ems   9.010 Ew., ▭ 56130, 🛈 🚆 🚐 🛏 🏨 ✕ 🍺 ⌘ 🏦 ♀ 🐾 ⊞ ✟ ⌘

🛈 Tourist-Information, Bahnhofplatz, 300 m vom Weg, ☎ 026 03/941 50, 📧 info@bad-ems.info, 🖥 www.bad-ems.info, ⏱ April-Oktober Mo-Fr 9:00-13:00 und 14:00-17:00, Sa, So, FT 10:00-14:00, November-März Mo-Fr 9:00-13:00 und 14:00-17:00, Sa 11:00-14:00

🛏 ✕ Hotel-Restaurant Adria, Koblenzer Straße 1, 300 m vom Weg, ☎ 026 03/32 31, 📧 info@hotel-restaurant-adria.de, 🖥 www.hotel-restaurant-adria.de, EZ ab € 60, DZ ab € 84, inkl. Frühstück

🛏 Privatzimmer Adam-Höhn, Lindenstraße 13, 400 m vom Weg, 📧 k_und_e@t-online.de, ☎ 026 03/46 17, EZ ab € 40, DZ ab € 70, inkl. Frühstück

♦ Aktivhotel Alter Kaiser, Koblenzer Straße 36, 450 m vom Weg, ☎ 026 03/702 22, 📧 info@aktivhotel-alterkaiser.de, 🖥 www.aktivhotel-alterkaiser.de, EZ ab € 55, DZ ab € 88, inkl. Frühstück, 🐴

🏨 Lahntal-Jugendherberge, Alte Kemmenauer Straße 41 (am besten erreichbar mit der Kurwaldbahn, ab der Bergstation noch ca. 1 km Fußweg), ☎ 026 03/26 80, 📧 bad-ems@diejugendherbergen.de, 🖥 www.DieJugendherbergen.de, ab € 22,50 p. P., inkl. Frühstück

Bad Ems

0 m — 300 m

1 Kapelle Maria Königin
2 Kaiser-Wilhelm-Kirche
3 Ottmar-Canz-Brücke
4 Römerquelle
5 Kurhaus
6 Kurwaldbahn
7 Russisch-orthodoxe Kirche der hl. Alexandra
8 Malbergbahn (Talstation)
9 Kur- und Stadtmuseum
10 Kath. Kirche St. Martin
11 Ev. Martinskirche
12 Emser Bergbaumuseum
13 Emser Therme
14 Remy-Brücke

A Lahntal-Jugendherberge Bad Ems
B Hotel-Restaurant Adria
C Aktivhotel Alter Kaiser
D Privatzimmer Adam-Höhn

⌘ Kur- und Stadtmuseum, Römerstraße 97, 50 m vom Weg, ☎ 026 03/35 72,
    📠 museum-bad-ems@gmx.de, 🖥 www.museum-bad-ems.de, 📅 April-Oktober
    Di-Fr, So, FT 14:00-17:00, November-März Mi, Fr 14:00-17:00, Eintritt frei
♦ Bergbaumuseum im historischen Steigerhaus, Emser Hütte 13, 2 km vom Weg,
    ☎ 01 75/260 20 34, 📠 Kontakt ist über die Wegseite möglich,
    🖥 www.emser-bergbaumuseum.de, 7 März-Oktober So 14:00-16:00, freier Eintritt

   Das Gebiet der Kurstadt war bereits zu Zeiten der Römer strategisch wertvoll
und hatte durch die warmen Quellen eine hohe Anziehungskraft. Der Limes überquerte auf Höhe der Ottmar-Canz-Brücke die Lahn und wurde durch ein größeres
Kastell im Bereich der evangelischen Martinskirche sowie ein kleineres Kastell in
der Nähe des Überganges, die aus der Zeit des ausgehenden 1. Jh. stammten,
gesichert. Die Römer blieben bis Ende des 4. Jh., ihnen folgten die ursprünglich
hier beheimateten germanischen Völker.

Die Siedlung Ems könnte eine Gründung der Franken aus dem 6. Jh. sein, wenngleich die erste urkundliche Nennung erst im Jahr 880 erfolgte, als König Ludwig III. einen Gebietstausch zwischen der Abtei Prüm und einem weltlichen Herrn bestätigte. Im 10. Jh. entstand eine unabhängige kleine Herrschaft am Emsbach. Im Jahre 1324 verlieh König Ludwig der Bayer dem Ort die Stadtrechte. Mitte des 14. Jh. entstand das Emser Bad in der Nähe der heißen Thermalquellen, belegt durch zahlreiche schriftliche Aufzeichnungen. Um 1470 ließen die Grafen der angrenzenden Herrschaften Nassau und Katzenelnbogen das Bad ausbauen und stifteten auch eine Kapelle. Die Bedeutung von Ems nahm stetig zu, verweilten dort doch verschiedene Erzbischöfe und Landesherren, um sich zu erholen. Zu Beginn des 18. Jh. war Ems einer der bekanntesten Badeorte von Deutschland. Damit waren vermehrt Bautätigkeiten verbunden. Es entstanden die noch heute erhaltene Brunnenhalle, die ✝ Kapelle Maria Königin und weitere prächtige Bauten. Ab 1720 konnten sich die Gäste in einer Spielbank vergnügen.

Seinen Höhepunkt erlebte Ems jedoch im 19. Jh. Zahlreiche Prominente nutzten das Bad als Sommerresidenz und machten an der Lahn unter anderem auch bedeutende Weltpolitik. Unter den Gästen waren z. B. regelmäßig der deutsche Kaiser Wilhelm I., die russischen Zaren Nikolaus I. und Alexander II. und Künstler wie Richard Wagner, Fjodor Dostojewski oder Jacques Offenbach. Weitere Gäste können vor dem Kurhaus erkundet werden, dort wurden vor geraumer Zeit zahlreiche Namenstafeln in den Gehweg eingelassen. Ein besonderes geschichtliches Ereignis hatte seinen nicht unwesentlichen Ursprung in Ems. Im Juli 1870 kam es zu diplomatischen Querelen mit Frankreich, als sich der Hohenzollernprinz Leopold um den vakanten spanischen Thron bemühte. Dies sah Kaiser Napoleon III. als Versuch der Preußen, Machtzuwachs zu erlangen, und legte bei Wilhelm I. vehement Protest durch seinen Botschafter in Preußen, Graf Vincent Benedetti, ein, der zur Kur in Ems weilte. Nach dem Verzicht Leopolds wollte Frankreich die Zusage Preußens, auch in der Zukunft auf den spanischen Thron zu verzichten. Dies lehnte der König jedoch ab und informierte Otto von Bismarck über das Treffen und dessen Ausgang – die sogenannte Emser Depesche. Bismarck verschärfte den Inhalt und gab ihn an die Presse weiter, worauf Napoleon Preußen den Krieg erklärte. Die Folge des Krieges war die Krönung Wilhelms zum deutschen Kaiser in Versailles und damit die Gründung eines gesamtdeutschen Staates.

Neben dem Badebetrieb war die Stadt auch durch den bedeutenden Bergbau geprägt, dessen Höhepunkt im 19. und 20. Jh. erreicht wurde. Nachgewiesen ist der Abbau von Blei, Silber, Zink und Kupfer bereits seit 1158. Er kam im Mittelalter zum Erliegen und wurde im 18. Jh. wieder aufgenommen. Erst mit dem Ausfall der Pumpen und dem damit verbundenen „Absaufen" der Gruben nach Bombardements am Ende des Zweiten Weltkrieges im März 1945 endete der Bergbau in Bad Ems.

Seit 1913 heißt die Stadt offiziell Bad Ems und ist seit 1969 Verwaltungssitz des neu gebildeten Rhein-Lahn-Kreises und seit 1972 der Verbandsgemeinde Bad Ems. Im Rahmen einer Verwaltungsreform erfolgte Anfang 2019 die Fusion mit der Verbandsgemeinde Nassau. Weit bekannt ist Bad Ems für den Ende August stattfindenden Bartholomäusmarkt, dessen Höhepunkt seit 1964 der Blumenkorso ist. Für Deutschlands größte rollende Blumenshow werden durch ehrenamtliche Wagenbauer aus Vereinen, Familien und Institutionen rund 1,5 Millionen Blumen auf bis zu 30 liebevoll gestalteten Motivwagen verarbeitet. Der knapp 4 km lange Zug, gespickt mit nationalen und internationalen Musik-kapellen, zieht sich über mehrere Stunden durch die Stadt.

⌘ Kurhaus

An der Stelle, wo die heißen Thermalquellen zutage kamen, ließ das Nassauer Herrscherhaus 1715 anstelle eines früheren nassauischen Kurhauses ein privates, zweiflügeliges Badeschlösschen errichten – das „Nassauer Badehaus". Dieses wurde im Laufe der Zeit mehrfach ausgebessert und erweitert. Im Ostflügel, dem sogenannten Kaiserflügel, residierte Wilhelm I. während seiner Aufenthalte in Ems. Heute befindet sich ein Hotel in dem Gebäude. Ab 1835 wurde westlich des Kur-hauses der Marmorsaal und zu Beginn des 20. Jh. das Kurtheater sowie zwei kleinere Säle, die heute Heimat des Spielcasinos sind, dem Ensemble angefügt.

Das Kurhaus in Bad Ems

⌘ Malbergbahn

Im ausgehenden 19. Jh. machte sich der Rückgang ausländischer Kurgäste bemerkbar, sodass sich die Verantwortlichen von Ems entschlossen, auf dem Malberg ein Hotel zu bauen. Dieses sollte durch eine „Standseilbahn mit Wasserübergewichtsanteil" erreichbar sein. Nach Gründung einer Betreibergesellschaft begannen die Bauarbeiten im November 1886. Die erste Fahrt erfolgte am 5. Juni 1887. Der Malberg entwickelte sich mit dem Hotel sowie einem Café und einem kleinen Tierpark zu einem beliebten Ausflugsziel. Nachdem 1979 aufgrund des Alters erhebliche Mängel festgestellt wurden und sich die Stadt nicht in der Lage sah, die Kosten für eine Sanierung aufzubringen, wurde der Betrieb der steilsten Zahnradbahn Deutschlands eingestellt. Seitdem bemüht sich ein Verein um die Wiederbelebung dieses Industriedenkmals. Übrigens ist mit der Nerobergbahn in Wiesbaden noch eine ähnliche Bahn mit Wasserballastantrieb in der Nutzung.

☦ Russisch-orthodoxe Kirche der hl. Alexandra

Da im 19. Jh. zahlreiche Gäste aus Russland an der Lahn verweilten, wurde der Ruf nach einer orthodoxen Kirche in Bad Ems immer lauter. 1857 gründete sich ein Kuratorium mit dem Ziel, Geld für den Bau einer russischen Kirche zu sammeln. Da es sehr lange zu dauern schien, bis der notwendige Betrag erreicht werden würde, stellte Königin Olga von Württemberg (eine geborene Großfürstin aus Russland) ihre Feldkirche zur Verfügung, die in einem Saal im Kurhaus aufgestellt wurde und als Provisorium diente. Erst 1876 wurde die neue Kreuzkuppelkirche am Lahnufer eingeweiht. Vorbild für den Bau war die Erlöser-Kathedrale in Moskau, die größte Kirche in der russischen Hauptstadt. Die Kirche ist der heiligen Märtyrerin Kaiserin Alexandra geweiht, Ehefrau des römischen Imperators Diokletian. Außerdem erinnert die Kirche an Kaiserin Alexandra, Ehefrau von Zar Nikolaus I. und geborene Prinzessin von Preußen. Während des Ersten Weltkrieges verschwanden sechs kostbare Glocken und die kupfervergoldeten Kuppeln. Mit Hilfe des Staates konnten die Schäden 1929 wieder behoben werden und die Kirche erstrahlte in neuem Glanz. Zu Beginn des 21. Jh. wurden erneut umfangreiche Restaurierungsarbeiten notwendig. Dabei wurden die kleinen Kuppeln in Blau und die große in Gold gestaltet. Ein Besuch der Kirche lohnt sich. Besonders sehenswert ist die mit Heiligenbildern versehene vergoldete Ikonostase, die Trennwand zwischen dem Kirchenraum und dem Altarraum, der nur dem Priester vorbehalten ist.

🗐   April-Oktober Di-Fr 14:00-17:00, Sa 13:30-16:30, So 14:00-17:00, November-März Sa 13:30-16:30, So, FT 14:00-17:00, Eintritt € 1 p. P.

Russisch-orthodoxe Kirche der hl. Alexandra

✞ Katholische Kirche St. Martin

Nachdem die katholische Pfarrkirche von Spieß-Ems bereits im Sommer 1858 für zu klein empfunden wurde, gab es erst 1862 Überlegungen zu einem Neubau auf dem Schulspielplatz auf der rechten Lahnseite. Schon bald erteilte das herzoglich-nassauische Staatsministerium die Genehmigung für einen solchen Bau. Nach Streitereien um den Standort der neuen Kirche kaufte die katholische Gemeinde im Dezember 1863 den besagten Bauplatz. In letzter Instanz entschied die Landesregierung in Wiesbaden endgültig über den geplanten Bauplatz auf den Lahnwiesen. Die Grundsteinlegung erfolgte 1866, die Einsegnung der neugotischen Pfarrkirche fand am 10. Dezember 1876 statt. Die Kirche wurde zwar regelmäßig für Gottesdienste genutzt, konnte aber erst in den folgenden Jahren mit weiterem Inventar wie dem Hochaltar, Kreuzwegstationen und einer Kanzel ausgestattet werden. An Weihnachten 1880 erklang erstmals die neue Orgel. Nach Fertigstellung des Kirchturmes und des Außenputzes wurde die dem heiligen Martin geweihte Kirche am 17. Juni 1884 durch den Fuldaer Bischof Kopp konsekriert. 1897 erhielt der Chor seine bunte Ausmalung, die aber einer umfangreichen Außen- und Innenrenovierung von 1951-1954 zum Opfer fiel. Hierbei wurden auch die Seitenaltäre und die Kanzel aus der Kirche entfernt. Erst 1979 und 1980 wurden auf Initiative des damaligen Pfarrers Josef Hörle die Sünden der Vergangenheit korrigiert. Man legte unter anderem die ursprünglichen Wandmalereien frei und stellte den Innenanstrich nach Befund wieder her. Im Laufe der nächsten Jahre erfuhr die Pfarrkirche durch die kunstvollen Werke des

Bildhauers Prof. Gernot Rumpf aus Neustadt an der Weinstraße eine weitere Aufwertung. Er schuf Tabernakeltüren, Konsekrationsaltar, Ambo, Taufbecken und Kerzenleuchter. Zum Abschluss der Arbeiten wurde im November 1995 die neue Sandtner-Orgel eingeweiht.

Katholische Pfarrkirche St. Martin

✞ Evangelische Martinskirche

Die evangelische Kirche hat ihren Standort im alten Dorfkern von Bad Ems und wurde im 12. Jh. als romanische Basilika genau dort errichtet, wo sich zu römischen Zeiten das große Kastell befand. Sie musste nach einem Dorfbrand im 18. Jh. erheblich renoviert werden und erhielt in diesem Zuge auf dem früher auch als Wach- und Wehrturm genutzten Kirchenturm ihre geschwungene Haube. Ursprünglich war angedacht, die Kirche im barocken Stil umzubauen, allerdings ließ dies die Statik der alten Kirche nicht zu. Nach rund 20 Monaten Bauzeit konnte 2014 eine weitere umfangreiche Innensanierung abgeschlossen werden.

Etappe 6: Von Bad Ems nach Lahnstein

⟳ 19,3 km, ⧗ 5 Std., ↑ 329 m, ↓ 352 m, ⇧ 69-283 m

0,0 km	⇧	79 m	Bad Ems (Pfarrkirche St. Martin) 🛈 🚍 🚐 🚚 🏨 ✕ ☕ 🛒 BANK ♀ 🛴 ➕ ✞ ⌘
1,8 km	⇧	74 m	Fachbach (Campingplatz) 🚐 🚚 △ ✕
5,4 km	⇧	77 m	Miellen (Stempelstelle) 🚐 ✕
7,7 km	⇧	270 m	Frücht (evangelische Thomaskirche) 🚐 ✞ ⌘
9,6 km	⇧	120 m	Friedrichssegen (Erzbachstraße) 🚍 🚐 ✞ ⌘
13,4 km	⇧	231 m	Lahnstein auf der Höhe
19,3 km	⇧	69 m	Lahnstein (Hospitalkapelle) 🛈 🚍 🚐 🚚 B&B △ ✕ ☕ 🛒 BANK ♀ 🛴 ➕ ✞

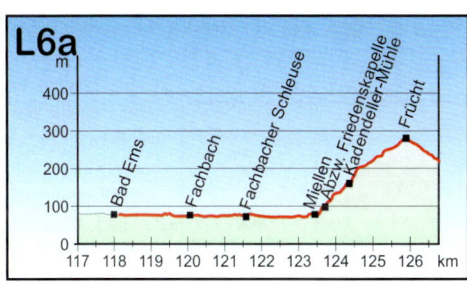

Auf Ihrer letzten Etappe auf dem Lahn-Camino werden Sie zunächst unmittelbar an der Lahn entlangpil-gern, bevor Sie ab Miellen durch das wild-romantische Schwei-zertal nach Frücht zur Gruft des Freiherrn vom und zum Stein hinaufsteigen. Danach geht es überwiegend durch Wald über die Höhe zum Ziel an der Hospitalkapelle in Lahnstein.

Start des letzten Abschnitts ist das Hauptportal der katholischen Pfarr-kirche St. Martin. Vor hier aus gehen Sie rechts an der Kirche vorbei entlang der Viktoriaallee und passieren die Emser Therme und die Polizeiinspektion, bis Sie den Zubringer zur Remy-Brücke erreichen. Nutzen Sie die Unterführung der stark befahrenen Straße und gehen Sie weiter geradeaus in die Jahnstraße, bis Sie an der Feuerwache nach links auf den Lahntal-Rad- und Wanderweg abbiegen. Hier macht der Lahn-Camino seinem Namen Ehre, denn der Fluss wird nun eine

Weile Ihr Begleiter sein. Passen Sie nun auf, denn bei gutem Wetter sind sehr viele Fahrradfahrer unterwegs. Nach gut 1 km erreichen Sie den Campingplatz in Fachbach.

Fachbach   1.250 Ew., 56133,

△ ✕ Camping Beachclub, Furtweg 14, am Weg, ☏ 026 03/132 02,
      info@camping-beachclub.de, ⌨ www.camping-beachclub.de, März-Dezember, € 3 P., € 5 pro Zelt, ⊷

⇞   Hotel Stadt Coblenz, Koblenzer Straße 16, 300 m vom Weg, ☏ 026 03/504 82 48,
      hotel@stadt-coblenz.com, ⌨ www.stadt-coblenz.com, EZ ab € 55, DZ ab € 78, inkl. Frühstück

♦   Star Hotel, Sommerstraße 24, 500 m vom Weg, ☏ 026 03/931 05 38,
      info@starhotel-fachbach.com, ⌨ www.starhotel-fachbach.com, EZ ab € 33, DZ ab € 50, Frühstück € 5 p. P.

✕   Gasthof Engel, Koblenzer Straße 10, 400 m vom Weg, ☏ 026 03/ 36 41,
      Fr-Mi 17:30-21:30, Do Ruhetag

🚶 ☺   Bald darauf erreichen Sie die Lahnbrücke nach ↬ Nievern (950 Ew., 56132,), wo sich der nächste Bahnhof befindet.

Weg durch Fachbach

Sie bleiben noch eine ganze Weile auf dem asphaltierten Weg entlang der Lahn und wandern an der ehemaligen Nieverner Hütte vorbei, einer von der Gründung 1671 bis zur Stilllegung 1932 bedeutenden Eisenhütte und Gießerei. Nach der Fachbacher Schleuse eröffnet sich vor Ihnen der Blick auf Miellen mit der darüberliegenden ✝ Friedenskapelle, die zur Adventszeit hübsch beleuchtet wird. Unterhalb des massiven Holzsteges für Fußgänger biegen Sie nach rechts ab zum Einstieg auf den Steg und gelangen über diesen nach Miellen (56132,). Hinter dem Steg setzen Sie Ihre Wanderung nach links fort, biegen auf Höhe einer Informationstafel der Freiwilligen Feuerwehr Miellen rechts in die Mittelstraße ein und gehen über die Bahngleise auf eine kleine Kapelle zu.

An der Kapelle geht es nach rechts weiter in die Hauptstraße, wo Sie unterhalb der Feuerwache die Möglichkeit zu einer Wanderrast haben. Hier befindet sich in einem Holzkästchen auch der ☉ Pilgerstempel von Miellen. Weiter geht es auf dem Früchter Weg, den Sie zwischen Raststätte und Feuerwache finden. Dieser wird zu einem schmalen, asphaltierten Pfad und bringt Sie an den Mühlbach und den Einstieg in das Schweizertal.

✏   Am Beginn des Schweizertales haben Sie noch die Möglichkeit, zur der etwas oberhalb des Weges auf einem Bergsporn, dem Martinikopf, liegenden ✝ Friedenskapelle aufzusteigen. Folgen Sie dem mittels Wegweiser vorgeschlagenen, 200 m langen Weg und nutzen Sie an einer Gabelung den rechten Zweig aufwärts. Der Beschluss für den Bau der auch als internationalen Gefallenen-Gedächtniskapelle bekannten kleinen Kirche wurde am 3. März 1950 durch den Vorläufer des heutigen Verkehrsvereins Schweizertal Miellen gefasst. Im selben Jahr begannen die Bauarbeiten. Kinder brachten die Steine auf das Plateau und erhielten als Lohn pro Stein ein Bonbon, das restliche Material wurde durch die Frauen hochgebracht, während die Männer ihrem Beruf nachgehen mussten. Zur Finanzierung kamen nach einem Bericht in einer Zeitschrift Spenden aus der ganzen Welt zusammen, während der Glockenturm einschließlich der Glocke von Firmen gestiftet wurde. Der Regensburger Bildhauer Fritz Klein schuf das Altarkreuz, das im Herbst 1952 im Regensburger Dom vom Dompfarrer Dr. Ehrhardsberger geweiht wurde. Schließlich wurde nach zweijähriger Bauzeit die Kapelle im Beisein der Bevölkerung und zahlreicher Gäste aus dem In- und Ausland ihrer Bestimmung übergeben.

Nun geht es etwas mühsam durch das Schweizertal aufwärts nach Frücht, aber das romantische, verschlungene Tal mit seinen sechs ehemaligen Mühlen entschädigt mit seiner wilden Schönheit. Drei der von 1670-1714 erbauten und spätestens ab Ende des 19. Jh. nicht mehr genutzten Mühlen sind nur noch durch Hinweistafeln erkennbar, die drei anderen wurden im Laufe der Zeit zu Wohnhäusern umfunktioniert. Bleiben Sie immer auf dem zunächst leicht aufwärts führenden Weg bis zur Kadendeller-Mühle. Diese lassen Sie links liegen und gehen auf dem schmalen Pfad weiter geradeaus, der nun etwas steiler wird. Schließlich verlassen Sie das Tal linker Hand über ein paar wenige Treppenstufen und laufen auf einem Wiesenweg an einer Ruhebank und einer Kirschbaumallee entlang. An der nächsten Kreuzung biegen Sie nach rechts ab und erreichen die ersten Straßen und Häuser von Frücht (580 Ew., ✉ 56132, 🚌 ✝ ⌘). Folgen Sie zunächst dem Mühlenweg bis zur nächsten Gabelung, wo Sie nach links in den Vogelsang und danach rechts in die Schweizertalstraße einbiegen. An deren Ende geht es weiter nach rechts, wo Sie auf die Historiensäule mit Darstellungen aus der Geschichte von Frücht treffen. Am ehemaligen Gasthaus Steinsches Eck wenden Sie sich nach links in den Schulweg, wo sich links die ehemalige Dorfschule und vor Ihnen der Friedhof sowie die ✝ evangelische Thomaskirche befinden.

✝ Evangelische Thomaskirche

Mit ihrem romanischen Turm aus dem beginnenden 13. Jh. prägt die Kirche das Früchter Ortsbild. Die ehemals katholische Kirche hatte nach Umbauten und Stilwechsel früher noch einen klassischen Chor mit Kreuzrippengewölbe. Mit Einzug der Reformation im Nassauer Land wurde auch die Kirche evangelisch und aufgrund von Platzmangel von 1847-1849 vergrößert. Dabei entfiel der Chor und ein spätklassizistisches romanisierendes Schiff wurde an den verbliebenen Turm angebaut. Als Landesherren von Frücht beteiligte sich die Familie vom und zum Stein finanziell an dem Umbau. Aus dieser Zeit existieren noch eine Bibel aus dem 16. Jh. mit Widmung, eine Merian-Bibel aus dem frühen 17. Jh. (eine Luther-Bibel mit berühmten Kupferstichen von Matthäus Merian d. Ä.) sowie liturgische Gefäße. Die Kirche ist normalerweise tagsüber geöffnet.

⌘ Stein'sche Gruft

In unmittelbarer Nähe zur Thomaskirche befindet sich die Familiengruft der Freiherren vom und zum Stein, wo auch der preußische Reformer Heinrich Friedrich Karl vom und zum Stein seine letzte Ruhestätte gefunden hat. Dieser veranlasste um 1817 selbst den Bau der Gruft, die kleine neugotische Gruftkapelle ließ seine älteste Tochter vermutlich nach Plänen des Koblenzer Architekten Johann Claudius von Lassaulx einige Jahre nach seinem Tod errichten.

🚶‍♂️   Vom Friedhofstor gelangen Sie über den kleinen Weg links oberhalb der Schule zum Vorplatz der Steinsch'en Gruft und von dort weiter durch eine Kastanienallee in Richtung K67. Folgen Sie dieser vorsichtig nach rechts wieder in den Ort hinein und gehen Sie entlang der Straße bis zum Ortausgang weiter. Hinter dem letzten Haus auf der linken Seite biegen Sie links in eine leicht abwärts führende Straße ein, die bald zu einem Feldweg wird. Halten Sie sich an der Gabelung rechts und laufen Sie durch ein spärlich bewachsenes Waldstück hindurch.

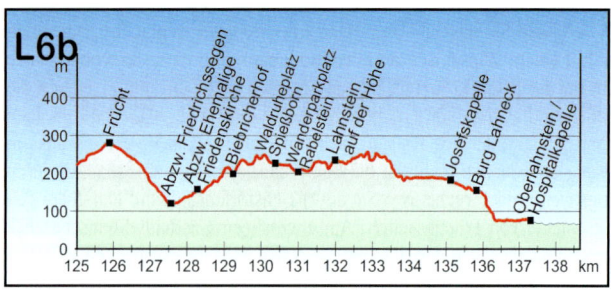

Am Ende erreichen Sie ein paar Haselsträucher, hinter denen sich ein nicht sofort erkennbarer Pfad versteckt, der rechts über eine Wiese am Waldrand führt.

Folgen Sie dem Pfad in den Wald hinein, der sich entlang eines kleinen Baches und unzähligen Brombeersträuchern abwärts schlängelt. Sie wandern links an einem Haus vorbei und erreichen kurz danach den Ihnen entgegenfließenden, von Schilfhalmen gesäumten Erzbach. Auf Höhe des Restes eines Kamines der ehemaligen elektromagnetischen Erzaufbereitung der Friedrichssegener Grube überqueren Sie den Bach trockenen Fußes über vier kreisrunde Betonplatten. Sie befinden sich nun am Ortsrand von Friedrichssegen.

> ✍ Wenn Sie der Erzbachstraße nach rechts folgen, gelangen Sie in den Ortskern und zum Bahnhof.

Friedrichssegen 900 Ew., 🖃 56112, 🚆 🚌 ✝ ⌘

⌘ Bergbaumuseum Friedrichssegen, Ahler Hof, 1,4 km m vom Weg, 📞 026 21/508 48, 🌐 www.bergbaumuseum-friedrichssegen.de, 📅 April-Oktober Di 14:00-17:00 und nach Vereinbarung, freier Eintritt

Wie schon der Name der Straße vermuten lässt, wurde in dem heutigen Stadtteil von Lahnstein Bergbau betrieben. Vermutlich versuchten sich schon die im Lahntal ansässigen Römer im Bergbau, jedoch ist erstmals durch eine Schenkungsurkunde aus dem Jahr 1220, mit der König Friedrich II. dem Mainzer Erzbischof Siegfried II. von Eppstein eine Silbergrube übereignete, der Abbau von Erzen nachgewiesen. 1762 begann mit der Entdeckung einer Bleierzader die Blütezeit des Bergbaus in Friedrichssegen, die mit Unterbrechungen und Besitzerwechseln der Grube bis zur endgültigen Stilllegung im Jahr 1957 andauerte.

Leider ist aus dieser Zeit des Bergbaus in Friedrichssegen bis auf einige heute noch bewohnte Häuser der Arbeiterfamilien und einige Stollenmünder im oberen Bereich des Erzbachtales nicht mehr viel zu sehen. Die nicht mehr sichtbaren Überbleibsel sind jedoch mit Informationstafeln ausgestattet worden. Im kleinen Bergbaumuseum an der Lahnbrücke erfahren Sie außerdem einiges über die vergangenen Tage.

🏃 An der Erzbachstraße biegen Sie nach links ab, wo es wieder leicht aufwärtsgeht. Sie passieren auf Höhe eines Hauses eine Ruhebank und ein wenig weiter einen Viadukt der ehemaligen Grubenzahnradbahn mit einer Lore. Hinter der nächsten, nicht einsehbaren Kurve erreichen Sie eine auffällig große Einmündung, an der Sie nach rechts in einen mit einer rot-weißen Schranke versehenen Weg weiterlaufen.

✎ Wenn Sie Zeit und Muße haben, können Sie von hier noch einen Abstecher zur früheren simultan genutzten Friedenskirche und/oder zum Bergmannsfriedhof (ca. 1,5 km bzw. 3 km Wegstrecke zusätzlich) machen. Lassen Sie sich nicht von den Zeitangaben der aufgestellten Schilder irritieren, diese sind äußerst großzügig bemessen. Folgen Sie weiterhin der asphaltierten Erzbachstraße, an der Sie unterwegs die inzwischen vergitterten Zugänge zum Carlstollen, zum Felixstollen und zum Heinrichstollen entdecken können. Am Ende der Straße befindet sich links oberhalb das frühere Direktorenhaus der Bergbaugesellschaft. Hier biegen Sie nach links ab, wenden sich an der folgenden Gabelung erneut nach links und kurz darauf wieder nach rechts, wo Sie die freigelegten, aber immer noch beeindruckenden Überreste der Grundmauern der Friedenskirche vorfinden.

✝ Ehemalige Friedenskirche
Nachdem im 19. Jh. der Bergbau in Friedrichssegen rasant anstieg, erhöhte sich die Einwohnerzahl des Dorfes ab 1880 binnen acht Jahren durch Zuzüge aus Nah und Fern von 554 auf 921. Die Eigentümer der Grube ließen für die Arbeiter und deren Familien Wohnraum, ein Hospital und ein Casino bauen. Der für Gottesdienste genutzte Schulsaal wurde allmählich zu klein und so entschloss man sich zum Bau einer Kirche für beide Konfessionen. Am 4. Mai 1988 wurde der Grundstein gelegt und am Barbaratag, dem Gedenktag der Schutzheiligen der Bergleute (4. Dezember), waren die Maurerarbeiten bereits fertiggestellt. Die Weihe des Gotteshauses, das Friedenskirche genannt wurde, erfolgte am 14. Juli 1889. Hierzu findet man in der Chronik der Kirchengemeinde folgenden bemerkenswerten Eintrag, der auch heute noch sehr aktuell erscheint: „Möge die Kirche

in Friedrichssegen mit Recht den Namen „Friedenskirche" tragen! Mögen viele in ihr den Frieden Gottes finden, der höher ist denn alle Vernunft, und möge sie, nachdem sich in ihrer Einweihung die Einmütigkeit der evangelischen und der katholischen Bewohner Friedrichssegens aufs schönste gezeigt hat, ferner beide Konfessionen eine stete Mahnung zu gegenseitiger Liebe und zum Frieden sein."

Durch den Niedergang des Friedrichssegener Bergbaus ging die Einwohnerzahl wieder deutlich zurück und das Inventar der Kirche wurde von umliegenden Gemeinden gekauft. Die Kirche verfiel allmählich und wurde schließlich nach 47-jährigem Bestehen 1937 von Koblenzer Pionieren zu Übungszwecken gesprengt. Ab 1998 begann der Arbeitskreis Grube Friedrichssegen mit der Freilegung der Grundmauern der Kirche, in deren Überresten seit 2002 zu besonderen Anlässen auch wieder Gottesdienste gefeiert werden.

Friedrichssegen, ehemalige Friedenskirche

🚶🚶 Um zum Bergmannsfriedhof zu gelangen, müssen Sie am Abzweig zur Friedenskirche auf der Erzbachstraße weiter geradeaus gehen. Vor einer kleinen Brücke halten Sie sich links, passieren eine Schranke und gehen den Schotterweg aufwärts. Vor einer Rechtskurve befinden sich zu beiden Seiten des Weges Überreste von Bruchsteinwerken aus der Bergwerkszeit. Hinter der Kurve zweigt ein Waldweg nach links vom Hauptweg ab und verläuft parallel zu diesem. Nehmen

Sie den Abzweig und schon bald können Sie die ersten Grabsteine und bei genauerem Hinsehen auch eine Wegestruktur zwischen den Gräbern entdecken. Über den gleichen Weg gelangen Sie dann wieder zurück zum Ausgangspunkt dieses Exkurses in die Vergangenheit.

⌘ Bergmannsfriedhof

Tief im Wald verborgen und vergessen befindet sich der ehemalige Bergmanns-friedhof von Friedrichssegen. Auf dem von 1872-1937 genutzten Friedhof fan-den ca. 500 Menschen, darunter ein sehr hoher Anteil an Kindern, ihre letzte Ruhestätte. Viel ist von der Anlage nicht geblieben, die Natur ist wieder Herr über das von Menschenhand Geschaffene und auch „gelangweilte Zeitgenossen" haben ihren Teil zu Verfall und Zerstörung des Denkmals beigetragen. Der Zahn der Zeit hat an den noch vorhandenen Gedenktafeln der hier ruhenden Toten genagt. Dennoch stellen die noch lesbaren Inschriften sehr gut dar, welche Men-schen in Friedrichssegen gelebt und gearbeitet haben. Nur selten verirren sich heute Wanderer an diesen stillen Ort, der wahrlich weit ab der heutigen Zivilisa-tion ein Ort der Besinnlichkeit sein kann. Ein sehr berührender Spruch auf einem Grabstein lautet: „Vater, wenn die Mutter fraget: „Wo ist unser Liebling hin?", wenn sie weinend um mich klaget, sag, daß ich im Himmel bin. Mutter, wenn der Vater weinet, trockne ihm die Tränen ab, pflanze, wenn die Sonne scheint, eine Blume mir ans Grab." Noch heute ist der Boden übersät mit Vinca Minor (auch als Immergrün bekannt), das nach den ersten Sonnenstunden im April in einem strahlenden Blau blüht.

Der Weg steigt hinter der Schranke weiter leicht an und Sie erreichen eine Gabelung, an der Sie nach links abbiegen und unter einer Hochspannungsleitung weiterwandern. Bleiben Sie auf dem breiten Waldweg, der auf Höhe des rechts sichtbaren Biebricherhofes leicht anzusteigen beginnt und danach eine Kurve in Form eines „U" beschreibt. Sie laufen nun auf den Biebricherhof zu und erreichen eine Kreuzung, an der Sie den linken Weg wählen. Dieser schlängelt sich durch den Mischwald und führt Sie an einer kahl geschlagenen Fläche vorbei. Links oberhalb des Weges versteckt sich hinter den Blättern der Bäume eine kleine Schutzhütte, zu der Sie auf einem leicht übersehbaren Pfädchen gelangen. Am Ende des Waldweges befindet sich der Wanderparkplatz und Waldruheplatz Spießborn.

☺   Auf der gegenüberliegenden Straßenseite finden Sie die mittelalterliche Brunnenkapelle Spießborn vor, die 1738 neu in Bruchstein gefasst wurde. Die daneben platzierte Sitzgruppe lädt zu einer Pause ein.

Wenden Sie sich nun vom Parkplatz aus gesehen nach rechts und laufen Sie auf dem Trampelpfad parallel zur K68 weiter. Der Pfad setzt sich am Ende der Wiese an einer Buschreihe von zwei Eichen flankiert fort, quert einen Wirtschaftsweg und mündet zunächst in einen Schotterweg.

✋   Seien Sie ab hier bei Nässe vorsichtig, denn Sie laufen über unebenes Schiefergestein, das rutschig sein kann.

An der ersten Gabelung pilgern Sie rechts leicht aufwärts weiter und steigen bald schon wieder herab zu einer Kreuzung, wo der linke Weg mit einer Schranke versperrt wird. Hier laufen Sie weiter geradeaus, auch noch einmal ein kurzes Stück über Schiefer. Der Weg mündet in einen von rechts kommenden Schotterweg, dem Sie nach links bis zum Wanderparkplatz Rabelstein folgen.

Kurz vor der K68 zweigt der Camino zwischen einer Kastanie und einer Buche nach rechts ab und lässt Sie noch einmal über einen Trampelpfad durch eine Wiese laufen. Sie queren einen Privatweg und halten weiter auf den Waldrand zu. Dort werden Sie von einer Ruhebank erwartet, an der es links ein kurzes Stück aufwärts weitergeht. Sie biegen rechts in den folgenden Querweg ein. Oberhalb des Panoramaweges befindet sich eine Wohn- und Ferienanlage mit Terrassen- und Hochhäusern. Nach einem kurzen Waldstück gelangen Sie am Haus Am Kurpark 6 A-G an eine Straße, der Sie nach rechts folgen und auf der Sie bis zu einer Schranke in der Nähe von zwei Garagen verbleiben.

Hinter einem Grundstück mit Maschendrahtzaun nehmen Sie an der Gabelung den rechten Abzweig und bleiben auf dem breiten Weg, bis Sie zu einer Kreuzung kommen, wo Sie auch weiterhin geradeaus weiterlaufen. Nur wenige Schritte dahinter befindet sich eine Ruhebank. Von hier aus können Sie zurück nach Friedrichssegen im Tal und nach Frücht auf der Höhe schauen. Kurz darauf können Sie bereits vor sich sehen, wie es bald auf dem Schotterweg steil abwärtsgeht. An einer XXL-Ruhebank biegen Sie an der Kreuzung nach links ab und wandern auf den am Horizont sichtbaren Koblenzer Fernsehturm zu. Rechts erscheint nun auch die Wallfahrtskirche mit dem ehemaligen ✝ Kloster Allerheiligenberg auf einer Anhöhe. Sie erreichen an einer Ruhebank einen weiteren Weg, dem Sie nach rechts folgen. Sie passieren einen Hof, ein Gestüt und danach die ✝ Josefskapelle. Ca. 100 m hinter der Kapelle biegen Sie nach rechts in den Burgweg ein, der an einem Parkplatz vorbei zum Lahnsteiner Schwimmbad, zum Campingplatz und zur Burg Lahneck führt. Noch vor dem Schwimmbadparkplatz zweigen Sie auf die Zubringerstraße zur Burg nach rechts ab und nach nur 500 m betreten Sie durch ein Tor den Burgvorplatz.

Wallfahrtskapelle und ehemaliges Kloster Allerheiligenberg

♜ Burg Lahneck

Der Mainzer Erzbischof Siegfried II. von Eppstein ließ Burg Loynecke ab 1226 zum Schutz seiner Ländereien errichten, zu denen auch die wenige Jahre zuvor an ihn übereignete Silbermine im heutigen Stadtteil Friedrichssegen gehörte. 1245 begann der Bau der gotischen Burgkapelle und damit verbunden kam es auch zur ersten urkundlichen Erwähnung. Im 14. Jh. überschlugen sich die Ereignisse auf Burg Lahneck. Zunächst rankte sich eine Legende um zwölf Tempelritter, die sich nach der Zerschlagung des Ordens durch Papst Clemens und den französischen König Phillipp IV. auf die Burg an der Lahnmündung zurückgezogen hatten. Der amtierende Mainzer Erzbischof Peter von Aspelt war einer der wenigen, die den Templern auch in Deutschland den Garaus machen wollten, und er schickte seine Söldner nach Lahnstein. Sein Angebot, sich zu ergeben, war für die

Templer keine Option und so schworen sie sich darauf ein, bis zum letzten Mann zu kämpfen. Nachdem bereits elf Kameraden gefallen waren, verkündete ein heraneilender Bote des Erzbischofs, der Kaiser persönlich hätte die Begnadigung der zwölf befohlen. „Mein Leben ist ein elendes Geschenk für mich, seit meine elf Brüder tot sind", sollen die letzten Worte des zwölften Templers gewesen sein, bevor er sich zu seinem letzten Kampf in die Meute der Mainzer Soldaten stürzte.

Ab 1332 gewährte Papst Johannes XXII. für die Teilnahme am Gottesdienst in der Burgkapelle, die dem heiligen Ulrich geweiht war, einen Ablass von 40 Tagen. Das Original des Ablassbriefes befindet sich heute im Lahnsteiner Stadtarchiv. Im August 1400 erklärten die Kurfürsten zu Mainz, Trier, Köln und der Pfalz König Wenzel für abgesetzt und wählten Pfalzgraf Rupert am Folgetag auf dem Königsstuhl in Rhens zum neuen König. Während des Dreißigjährigen Krieges und später im Pfälzischen Erbfolgekrieg im 17. Jh. erlitt die Burg erheblichen Schaden und verlor zunehmend an Bedeutung. Schließlich wurde die Burg 1803 im Rahmen der Säkularisation Teil des Herzogtums Nassau und war letztendlich ab 1850 in Privatbesitz.

♟ Burg Lahneck, am Weg, ✍ info@burg-lahneck.de, 🖥 www.burg-lahneck.de, 🕐 Führungen April-Oktober Di-So 12:00, 13:00, 14:00, 15:00, Eintritt € 6 p. P.

🏃 Gegenüber dem großen Burgtor befindet sich ein wesentlich kleineres Tor, durch das Sie gehen. Sie laufen über ein paar Serpentinen abwärts auf die B42 zu. Hier gehen Sie oberhalb des Tunnelmundes auf die andere Straßenseite, wo Sie 147 Treppenstufen abwärts entlang des St.-Elisabeth-Krankenhauses erwarten. Unten erreichen Sie die Ostallee, auf der Sie nach links bis zur Gymnasialstraße gehen, in die Sie einbiegen. Anschließend laufen Sie auf dieser entlang des Schillerparks, queren die Wilhelmstraße sowie die Mittelstraße und laufen dann links in die Adolfstraße, die Sie über den Fußgängerüberweg queren. Über einen kleinen Parkplatz und den sich anschließenden Durchbruch der Stadtmauer gelangen Sie zum Salhofplatz, wo sich die Tourist-Information befindet. Nun ist es nicht mehr weit bis zum Etappenziel. Gehen Sie nach links in die Hochstraße und auf Höhe der ✝ katholischen Pfarrkirche St. Martin noch einmal nach links in die Frühmesserstraße. An der nächsten Kreuzung geht es am Bürgerturm nach rechts weiter in die Hintermauergasse. Schließlich überqueren Sie an einer Sitzgruppe mit Brunnen die Burgstraße und pilgern nach ca. 30 m auf Höhe einiger Überreste der Stadtmauer abschließend nach rechts in die Altgasse. Sie gehen nun auf den Chor der Hospitalkapelle zu, den man sonst nicht zu Gesicht bekommt. Ein schmaler Durchgang erlaubt es Ihnen, nach links zur Rödergasse zu gelangen.

☺   Bevor Sie dorthin gehen, sollten Sie sich noch einmal umdrehen und sich die Darstellungen von Pilgern und den Text auf dem Fachwerk anschauen.

Folgen Sie der Rödergasse nach rechts, bis Sie den Vorplatz der Hospital-kapelle und das historische Rathaus von Lahnstein aus dem 15. Jh., in dem sich früher das Stadtarchiv befand, erreichen. Hier endet Ihr heutiger Pilgertag.

Lahnstein   17.800 Ew., ✉ 56112, 🛈 🚲 🚌 🛏 B&B ⌂ ✕ 🖥 🍺 🏦 ♥ ♞ ✚ ✝

🛈 ⊙   Tourist-Information, Salhofplatz 3, am Weg, ☎ 026 21/91 41 71, ✉ touristinformation@lahnstein.de, 🖥 www.lahnstein.de, 🗓 April-Oktober Mo-Fr 9:00-13:00 und 14:00-16:30, Sa 10:00-12:00, November-April Mo-Fr 9:30-13:00 und 14:00-16:30

🛏   Hotel Weiland, Bürgermeister-Müller-Straße 3-7, 100 m vom Weg, ☎ 026 21/188 08 80, ✉ info@hotel-weiland.de, 🖥 www.hotel-weiland.de, EZ ab € 59,50, DZ ab € 92, inkl. Frühstück, 🐕

B&B   ⊙ Bed & Breakfast im ehemaligen Kloster Allerheiligenberg, Am Allerheiligenberg 63, 1,4 km vom Weg, ☎ 01 76/75 07 52 18, ✉ marellativ@web.de, 🖥 www.kloster-allerheiligenberg.com, Übernachtung im Pilgerzimmer € 25, EZ ab € 35, DZ ab € 50, Frühstück € 7 p. P., Abholservice nach Absprache

✕   Dalmatiner Stuben, Hochstraße 47, am Weg, ☎ 026 21/18 03 02, ✉ info@dalmatiner-stuben.com, 🖥 www.dalmatiner-stuben.eatbu.com, 🗓 Di-So 11:30-14:30 und 17:30-22:30

Mehrere Funde konnten eine erste Besiedelung des Gebietes rund um Lahn-stein auf die jüngere Steinzeit (ca. 11500 v. Chr.) datieren. Die Römer begannen im 1. Jh. mit dem Bau des Limes und errichteten im 4. Jh. an der Lahnmündung einen Burgus – eine Art quadratischer Wachturm mit Außenbefestigung – zum Schutz des Koblenzer Kastells. Später entstand an dieser Stelle die Johannis-kirche. Zu fränkischer Zeit war Lahnstein Salland, gehörte dem König und wurde von einem Salhof bewirtschaftet. Die ältesten Teile des noch heute bestehenden Gebäudes stammen allerdings aus dem 12. Jh. und beherbergen beispielsweise die Tourist-Information. Seit 900 gehörte Oberlahnstein zu Kurmainz, Nieder-lahnstein seit 1018 zu Kurtrier. Die Lahn bildete die natürliche Grenze. Mit dem Bau von Burg Lahneck sowie der Zollburg Martinsburg im 13. Jh. wollte Mainz seine Machtposition auch sichtbar darstellen. 1324 verlieh König Ludwig der Bayer zunächst Oberlahnstein die Stadtrechte, was den Bau von massiven Stadt-befestigungen nach sich zog. Davon sind heute noch sechs Türme und rund 350 m Mauer erhalten. 1332 erhielt auch Niederlahnstein Stadtrechte, jedoch

Lahnstein

0 m   300 m

Niederlahnstein

Oberlahnstein

Marktplatz
Langgasse
Bergstraße
Allerheiligenbergstraße
Zur Ruppertsklamm
Im Pfenter
Holzgasse
Emser Straße
Fahrgasse
Johannesstraße
Am
Allerheiligen
berg

Zubringer Linksrheinischer Jakobsweg und Mosel-Camino

Boderstraße
Brückenstraße
Auf Bühl
Ahler Weg
Hohenrhein
Falkensteig
Kinzenberg
Jägerpfad
Am Burgweg

Lahn
Rhein

Nordallee
Taplusweg
Wilhelmstraße
Lahneckstraße
Am Schillerberg
Casinostraße
Westallee
Gutenbergstraße
Schiller-park
Lahn-Camino
Gymnasialstraße
Ostallee
Wilhelmstraße
Mühlenstraße
Frühmessergasse

Salhof-platz
Hochstraße
Adolfstraße
Burgstraße
Schofstraße
Hintermauerstraße
Staufenbergstraße
Südallee
Lindenweg
Hubertusstraße
Südallee
Adolfstraße
Handelstraße
Mittelalee
Steinkautenweg
Martinstraße
Weiberstraße
Weber-Straße
Im Bauernfeld
Europa-platz

Brunnenstraße Rödergasse
Mühlenstraße
Burgermeister-Müller-Straße
Hochstraße
Schlossstraße
Rhein-Camino

Im Rosenberg
Aufm Charweg
Rheinhöhenweg
Blumenpfad
Kapellenweg
Rheinuferstraße
Sebastianusstraße
Im Hafels

1 Freibad Lahnstein
2 Burg Lahneck
3 Kloster Allerheiligenberg
4 St. Elisabeth Krankenhaus
5 Ev. Kirche
6 St.-Martin-Kirche
7 Hospitalkapelle St. Jakobus
8 Kihrstor
9 Schloss Martinsburg

A Campingplatz Burg Lahneck
B B&B Am Allerheiligenberg 63
C Hotel Weiland
D Dalmatiner Stuben

blieben Bauaktivitäten aus. 1348 wurde durch Kurtrier lediglich ein kleiner Zollturm an der Lahn errichtet, der heute noch neben einem Wirtshaus erhalten ist.
Aufgrund der zentralen Lage – neben Mainz und Trier hatte Kurköln mit Rhens
auch Besitztümer in unmittelbarer Nähe – wurden Nieder- und Oberlahnstein
beliebte Versammlungsorte und verzeichneten im Mittelalter mehrere Königsbe-
suche. Diese Lage wirkte sich allerdings auch nachteilig aus, denn durch die
unterschiedlichen Landesherren wurden die Städte in Kriege verwickelt, belagert
und erobert. So waren während des Dreißigjährigen Krieges und des Pfälzischen
Erbfolgekrieges im 17. Jh. unterschiedlichste Truppen zu „Gast". Durch die Auflösung der Kurfürstentümer durch Napoleon gehörte das Gebiet dann zum Herzogtum Nassau, das 1866 von Preußen annektiert wurde. Nach dem Ersten Weltkrieg waren die beiden Städte elf Jahre von französischen Truppen besetzt und
wurden zum Ende des Zweiten Weltkrieges Opfer alliierter Bombenangriffe. Im
Rahmen einer Verwaltungsreform in Rheinland-Pfalz wurden die beiden Städte
1969 zur Stadt Lahnstein vereinigt. Heute ist Lahnstein eine moderne Stadt mit
den Schwerpunkten Industrie, Handel und Bildung sowie mit einem bunten, viel-
seitigen kulturellen Programm.

Anzeige

☩ Hospitalkapelle St. Jakobus

Die Geschichte der Lahnsteiner Jakobuskapelle ist eng mit dem städtischen Armenhospital verbunden, das wahrscheinlich noch vor der Verleihung der Stadtrechte an Nieder- und Oberlahnstein im Jahr 1324 gegründet wurde. Gleichwohl fand das Hospital erst in einer Urkunde vom 24. November 1330 über den Verkauf eines Weingartens in Kaub durch den „provisor hospitalis pauperum in Laynstein" (Hospitalsverwalter) erstmals Erwähnung. Neben der Bereitstellung von Speisen, Unterkunft und Bekleidung für die Armen der Gemeinde und der Versorgung von Pflegebedürftigen und Kranken war die Beherbergung von durchreisenden Pilgern eine

Chor der Hospitalkapelle St. Jakobus

wesentliche Aufgabe. Dem Hospital war bereits eine kleinere Vorgängerkapelle, deren Grundmauern sowie ein Pilgergrab bei Restaurierungsarbeiten Anfang 1982 entdeckt wurden, angegliedert. Im 14. Jh. wurde zunächst ein neuer Chor gebaut, der mit der alten Kapelle verbunden wurde. Die linke Hälfte des heutigen Kirchenschiffs war damals noch ein Teil des Hospitals und wurde um rund 4 m nach Norden versetzt, indem eine Mauer mitten durch das Hospital gezogen wurde, die zugleich die Südwand des Hospitals als auch die Nordwand der Kapelle darstellte. Im 18. Jh. nahm die Anzahl der Gäste rapide ab und es wurde täglich nur noch eine Messe gelesen. Nachdem die Kapelle von Mainzer Husaren als Pferdestall genutzt und dann noch vor der napoleonischen Säkularisation verkauft worden war, diente sie in der Folge noch als Kaffeerösterei, Scheune, Waschküche, Autogarage, Schreinerei, Fotolabor und Gemüseladen. Erst nach dem Zweiten Weltkrieg wurden die letzten Reste des Hospitals abgerissen. 1981 kaufte die Stadt Lahnstein den Privateigentümern die Jakobuskapelle ab und begann umgehend mit Sanierungsarbeiten. Heute wird die Kapelle für Ausstellungen, Konzerte oder andere kulturelle Veranstaltungen genutzt. Am Namenstag des heiligen Jakobus wird am 25. Juli ein festlicher Gottesdienst gefeiert.

☺ ⚜ Zubringer Linksrheinischer Jakobsweg und Mosel-Camino

Wenn Sie Ihren Weg über den Linksrheinischen Jakobsweg (📖 Outdoor Handbuch Band 278, ISBN 978-3-86686-491-7) bis nach Bingen oder über den Mosel-Camino (📖 Outdoor Handbuch Band 291, ISBN 978-3-86686-609-6) bis Trier fortsetzen möchten, gehen Sie von der Hospitalkapelle aus nach rechts durch die Hochstraße in Richtung Stadtmitte. Bis Sie auf den Linksrheinischen Jakobsweg treffen, müssen Sie eine Strecke von ca. 6 km bewältigen. Sie passieren die ⚜ katholische St.-Martin-Kirche und den Salhofplatz und überqueren am Ende der Westallee an der ⚜ evangelischen Kirche die Bahngleise nach links. Sie gehen an einem Supermarkt vorbei über die Lahnbrücke.

⚜ Katholische Pfarrkirche St. Martin

Eine erste Vorgängerkirche wurde bereits 977 erwähnt, während die ältesten Teile der heutigen Kirche die romanischen Chorflankentürme aus dem Jahr 1190 sind. Diese waren Bestandteil einer spätromanischen Basilika, deren gotischer Chor mit zwei Kreuzgewölben 1332 durch einen neuen ersetzt wurde. Das Langhaus wurde von 1775-1777 in eine Saalkirche mit dem heutigen Mittelschiff umgebaut, 1895-1899 kamen die Seitenschiffe mit den Seitenchören hinzu. Zu den sehenswerten Inventar gehören die neugotischen Altäre, die Stumm-Orgel von 1742 sowie die Figuren aus dem 15. und 17. Jh., die alle aus der früheren Prämonstratenserabtei Rommersdorf bei Neuwied entstammen.

⚜ Evangelische Kirche Oberlahnstein

Die evangelische Kirche steht in der Nordallee vor dem Bahnübergang und wurde 1872-1875, maßgeblich finanziert durch den Gustav-Adolf-Verein, errichtet. Die neoromanische Saalkirche hat einen gewölbten Chor und der Kirchturm oberhalb des Rundbogenportals ist mit einem Spitzhelm mit gotischer Bekrönung sowie gotischen Eckfialen versehen. Der Innenraum der Kirche ist mit einer dreiseitigen Empore sowie sehenswerten Glasfenstern mit biblischen Motiven ausgestattet. Eine Kuriosität ist die Darstellung der biblischen Geschichte des barmherzigen Samariters. Der aufmerksame Betrachter entdeckt schon bald, dass hier Motorräder und eine Unfallszene dargestellt sind.

🏃 Hinter der Brücke biegen Sie scharf nach links ab, laufen zur Lahn und dort rechts weiter durch hochgewachsene Kastanien und unter der Eisenbahnbrücke hindurch. Im Verlauf des Weges passieren Sie ein Ruderhaus, einen Wohnmobilhafen und einen Spielplatz. Dahinter biegen Sie rechts auf den Damian-Weg ab (benannt nach dem Arnsteiner Pater Damian de Veuster, ☞ S. 81), der Sie zur ✝ Johanniskirche bringt. Vor der Kirche ist ein Pilgerstein aufgestellt, der die Entfernung nach Santiago de Compostela mit 2.650 km angibt.

✝ Johanniskirche
Nachdem sich die Römer aus Germanien zurückzogen hatte, blieb in der Nähe der Lahnmündung ein seit dem 3. Jh. bestehender befestigter Wachturm zurück, der von fränkischen Adeligen zu einer Wohnburg umfunktioniert wurde. Zu dem Anwesen gehörte bereits eine kleine Kirche, die aus dem 9. Jh. stammte und deren Überbleibsel sich innerhalb der Fundamente der Johanniskirche befinden. Eine zweite Kirche entstand Mitte des 10. Jh., der nicht mit der Saalkirche verbundene Turm wurde bereits einige Zeit davor errichtet. Erst 1136 wurde der heutige Kirchenbau als spätromanische Emporenkirche fertiggestellt. Vergleiche mit danach entstandenen Kirchen wie z. B. in Güls oder Ems sind erlaubt – das Lahnsteiner Gotteshaus diente ihnen als Vorbild. Im ausgehenden 18. Jh. wüteten kaiserliche Truppen während Kämpfen mit Franzosen in der Kirche und hinterließen einen Trümmerhaufen. Sämtliches Holz der Stühle und der Kanzel sowie das der Dächer der Nachbargebäude wurde zum Heizen genutzt. Altäre und Taufstein wurden umgestürzt und die Orgel zerstört. Die Johanniskirche war danach eine Ruine und verfiel im Laufe der Zeit weiter. 1844 stürzte sogar der Nordturm ein.

Die sich in einem erbärmlichen Zustand befindliche Kirche wurde dennoch ab 1856 wiederaufgebaut. Dabei wurden allerdings Veränderungen vorgenommen, die erst bei späteren Renovierungen in den 40er- und 60er-Jahren des vergangenen Jahrhunderts sowie zum Abschluss der letzten Aktion 2008 wieder beseitigt wurden. Heute erstrahlt die Kirche wieder in vollem Glanz und dürfte dem Bild aus der Erbauerzeit im 12. Jh. entsprechen.

🏃🏃   Von der Johanniskirche aus begeben Sie sich auf den asphaltierten Leinpfad und wandern diesen rheinabwärts, bis Ihnen der Weg versperrt wird. Hier können Sie durch ein Tor das Gelände eines Gastronomiebetriebes betreten, an dem Schamott-Schlösschen aus dem 19. Jh. vorbeigehen und auf der anderen Seite nach links in die Didierstraße einbiegen.

✋   Diese Möglichkeit besteht nur von Mittwoch bis Sonntag und von 11:00-22:00. An Montagen und Dienstagen hat der Betrieb Ruhetag und Sie müssen bereits vorher auf Höhe von Kleingärten den Rheinuferweg nach rechts in die Goethestraße verlassen. Ein blaues Hinweisschild erinnert Sie noch einmal daran. Am Ende der Straße biegen Sie nach links in die Didierstraße ein und bleiben auf dieser.

Auf Höhe eines Autohauses zweigt der Weg nach links ab, wo Sie ein Tanklager passieren. Am Ende der Umzäunung wenden Sie sich nach links abwärts und befinden sich wieder auf dem Leinpfad, dem Sie nach rechts folgen. Nachdem Sie die nächsten drei Möglichkeiten, den Leinpfad zu verlassen, ignoriert haben, geht es noch vor der Koblenzer Südbrücke rechts steil aufwärts durch eine Unterführung und an einem Spielplatz vorbei. Sie befinden sich hier im Koblenzer Stadtteil Horchheim. Überqueren Sie die Straße mittels des Zebrastreifens nach links und laufen Sie an der Emser Straße bis zum Bahnübergang, vor dem Sie nach links auf die Eisenbahnbrücke abbiegen. Hinter der Brücke geht es über eine lange Rampe abwärts.

Zum Startpunkt des Mosel-Caminos im Koblenzer Stadtteil Stolzenfels gelangen Sie, indem Sie von hier scharf nach links abbiegen und zurück zum Rhein laufen. Dort geht es rechts weiter auf dem Leinpfad an einem Biergarten vorbei bis nach Stolzenfels.

Möchten Sie hingegen Ihre Pilgerreise auf dem Linksrheinischen Jakobsweg fortsetzen, folgen Sie am Ende der Rampe dem kleinen Pfad gegenüber, der in die kaum befahrene Jahnstraße und danach in die Jupp-Gauchel-Straße mündet. Letztendlich erreichen Sie vor einer Kreuzung linker Hand einen Weg, der durch eine Schranke führt. Hier haben Sie den Linksrheinischen Jakobsweg erreicht.

Rhein-Camino

Blick von Burg Sterrenberg auf Kamp-Bornhofen
(Etappe 1)

Etappe 1: Von Lahnstein nach Kamp-Bornhofen

↻ *21,6 km,* ⧖ *5 Std.,* ↑ *694 m,* ↓ *684 m,* ⇧ *63-323 m*

0,0 km	⇧	69 m	Lahnstein (Hospitalkapelle) 🛈🚉🚌🛏️✕☕🛒🏧 🐾♿➕✝
4,6 km	⇧	70 m	Braubach (Rathaus) 🛈🚉🚌🛏️⛺✕☕🛒🏧 🐾♿✝✝
14,5 km	⇧	127 m	Abzweig Osterspai
21,6 km	⇧	74 m	Kamp-Bornhofen (Wallfahrtskloster) 🛈🚉🚌🛏️✕☕ 🛒🏧🐾♿✝

Die Fortsetzung des Lahn-Caminos führt Sie als Rhein-Camino in Richtung Süden zunächst am Rhein entlang in die Marksburg-Stadt Braubach. Von dort geht es aufwärts in die Höhe, wo Ihnen an fast jeder Ecke umwerfende Ausblicke auf das Weltkulturerbe Oberes Mittelrheintal geboten werden. Sie haben die Möglichkeit zu einem Abstecher nach Osterspai und erreichen schließlich Ihr Tagesziel Kamp-Bornhofen mit dem bekannten Wallfahrtskloster.

Sie starten an der Hospitalkapelle St. Jakobus, lassen diese hinter sich zurück und gehen geradeaus über die Hochstraße in die Brunnenstraße und auf eine Unterführung zu. Beim Bau der Bahnstrecke 1862 wurde das Kührstor mit dem 15 m hohen Turm der ehemaligen Stadtbefestigung, die aus dem 14. Jh. stammt, in die Unterführung integriert. Wenden Sie sich nun nach links und laufen Sie durch die Rheinanlagen auf die Mauer der Martinsburg, einer frühe-

ren Zollburg aus dem Jahr 1298, zu.
Sie passieren ein Gedenkkreuz für die
Opfer des 17. Juni 1953 und einen
Spielplatz. Gehen Sie nach rechts in
Richtung Rhein und biegen nach links
auf den Fahrrad- und Fußgängerweg
ab, auf dem Sie auf den folgenden
4 km bis Braubach verbleiben. Es

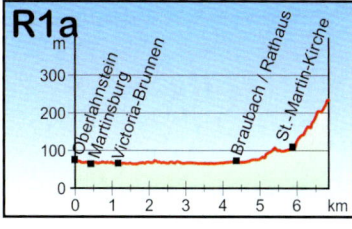

wird Ihnen unterwegs viel Abwechslung geboten: eine schmucke Relaxliege,
gepflegte Kleingärten, der Victoria-Brunnen mit Entnahmestelle für Mineralwasser, eine Chemiefabrik und schöne Ausblicke auf das hübsche Städtchen Rhens
auf der anderen Rheinseite. Schließlich öffnet sich der 🏠 Blick auf die majestä-
tisch auf einer Anhöhe thronende ♖ Marksburg. Das Ende des Radweges erkennen Sie am Wechsel des Untergrundes von Asphalt zu Verbundsteinen. Auf Höhe
des ersten Hauses von Braubach befindet sich eine Unterführung, die Sie auf die
andere Seite der B42 und an eine Gabelung vor einem Holzschuppen bringt.

☺ ⊙ Links von Ihnen befindet sich hinter der Rettungswache die moderne
✝ katholische Heilig-Geist-Kirche, wo Sie am Schriftenstand im Eingangsbereich
einen Pilgerstempel finden.

   Der Camino führt über den rechten Zweig der Gabelung an dem Schuppen
vorbei, wo Sie über den Zebrastreifen die Straße queren und rechts weiterlaufen.
Nach wenigen Schritten finden Sie links zwischen zwei Hecken einen gepflasterten
Weg, der Sie unter der Bahnlinie hindurchführt. Gehen Sie geradewegs über die
Kreuzung in die Rathausstraße zum Rathaus, wo Sie in der Tourist-Information
einen weiteren ⊙ Pilgerstempel erhalten können.

Braubach   3.000 Ew., ✉ 56338, 🛈 🚌 🚐 🛏 ⛰ ✕ 🍺 🛒 BANK 💗 🦌 ✝ ♋

🛈 ⊙   Tourist-Information, Rathausstraße 8, am Weg, ☎ 027 27/97 60 01,
         ✉ info@braubach.de, 🖳 www.braubach.de, 🗓 April-September Mo-Fr
         9:30-18:00, Sa 9:30-13:30, Oktober-März Mo-Fr 9:30-17:00, Sa 9:30-13:30
🛏 ✕ Gasthof Zum Goldenen Schlüssel, Marktstraße 14, 300 m vom Weg, ☎ 026 27/340,
         ✉ info@zum-goldenen-schluessel.de, 🖳 www.zum-goldenen-schluessel.de,
         DZ ab € 62, inkl. Frühstück
♦   Appartement Traum-Schlüsselchen, Obermarktstraße 1, 300 m vom Weg,
         ✉ kontak@traum-schluesselchen.de, 🖳 www.traum-schluesselchen.de,
         € 78, inkl. Frühstück (ohne Frühstück 60 €)

Braubach

1 Kath. Pfarrkirche Heilig Geist
2 Ev. Kirche
3 Marksburg
4 Schloss Philippsburg
5 St.-Martin-Kirche

A Campingplatz Uferwiese Braubach
B Appartement Traum-Schlüsselchen
C Gasthof zum Goldenen Schlüssel
D Pension Felsenkeller

STEPMAP © Stepmap, 123map, Daten: OpenStreetMap. ; ODbL

Pension Felsenkeller, Brunnenstraße 32, am Weg, ☎ 026 27/275,
✆ info@pension-felsenkeller.de, 🖥 www.pension-felsenkeller.de, EZ ab € 35,
DZ ab € 64, inkl. Frühstück

Ursprünglich war Braubach ein kleines Dorf namens Briubach, das erstmals im Jahr 692 in einer Schenkungsurkunde über einen Weinberg genannt wurde. Im frühen Mittelalter erfuhren Dörfer durch den Bau von Burgen oft einen enormen Zuwachs. So geschah es auch in Braubach, als die Marksburg wahrscheinlich im 11. Jh. errichtet wurde. Es siedelten sich im Bereich der heutigen Altstadt Handwerker und Händler an und es entstand ein städtisches Leben. Die Herren von Eppstein, die mit Stadt und Burg belehnt waren, erhielten für Braubach 1276 von König Rudolf von Habsburg die Stadtrechte und den Status einer Freistadt. Nur wenige Jahre später wurde die Region von den Grafen von Katzenelnbogen und ab dem 15. Jh. von den Landgrafen von Hessen verwaltet. Diese führten schließlich, wie überall in ihrem Herrschaftsgebiet, die Reformation ein. Gegen Ende des 16. Jh. wurde das Schloss Philippsburg von Philipp II. von Hessen-Rheinfels als zukünftige Witwenresidenz für seine Frau errichtet. Ab dem 19. Jh. gehörte Braubach zum Herzogtum Nassau, das später von Preußen einverleibt wurde. Nach den beiden großen Weltkriegen und der französischen Besatzung wurde Braubach Teil von Rheinland-Pfalz und war von 1972 bis 2012 eine eigenständige Verbandsgemeinde. Danach erfolgte die Fusion mit der Verbandsgemeinde Loreley.

♜ Burg Marksburg

Das unübersehbare Wahrzeichen von Braubach und dem Weltkulturerbe Oberes Mittelrheintal ist die auf einem Schieferkegel erbaute und nie zerstörte Marksburg. Ein konkretes Datum der Errichtung ist nicht überliefert, jedoch gibt es zwei Hinweise, die zumindest die Existenz einer Burg Brubach, wie sie zunächst hieß, erklären lässt. Seit 1219 ging die Burg als Lehen in den Besitz eines der einflussreichsten Geschlechter des Mittelalters, den Eppsteinern. So nannte sich Gerhard II. von Eppstein nunmehr Gerhard von Braubach. Ab 1231 wurden erstmals auch Burgmannen in Braubach urkundlich erwähnt. 1283 übernahmen die Grafen von Katzenelnbogen das Lehen und legten mit ihrem Aus- und Umbau der Burg die Grundzüge des heutigen Aussehens. 1437 wurde die Burgkapelle, die dem Evangelisten Markus geweiht war, erstmals erwähnt, als Graf Philipp I. von Katzenelnbogen einen Altar stiftete. Da Philipp der Letzte seines Geschlechtes war, gingen seine Besitztümer an seinen Schwiegersohn Heinrich III. und damit an die Landgrafschaft Hessen. Diese wiederum führte in ihrem Herrschaftsgebiet die Reformation ein, sodass es spätestens seit 1525 keinen katholischen Geistlichen mehr auf der Burg gab.

Erst nach dem Bau von Schloss Philippsburg von 1568 bis 1571 am südlichen Zipfel der Stadt wurde Burg Braubach 1574 in einer Urkunde als Sankt Marxpurgk benannt. Mit dem Bau des Schlosses verlor die Burg auch den Status als eine Residenz und wurde nie wieder als Wohnsitz genutzt. Es folgten verschiedene Schreibweisen und es gibt eine Sage, nach der der Evangelist Markus die Burg und seine Bewohner vor Schaden bewahrt haben soll und so zum Namensgeber wurde. Ab dem 18. Jh. diente die Marksburg vornehmlich militärischen Zwecken, so als Herberge für Invaliden oder als Gefängnis. Zu Beginn des 19. Jh. fiel die Burg an das Herzogtum Nassau und später an Preußen. In dieser Zeit verfiel die Burg allmählich, bis die 1899 gegründete Deutsche Burgenvereinigung die Anlage, die sich in einem schlimmen Zustand befand, für einen symbolischen Betrag erwarb. Die über Jahrzehnte andauernden Erhaltungsmaßnahmen fanden im ausgehenden Zweiten Weltkrieg ein vorläufiges Ende, als amerikanische Artillerie erheblich Schaden anrichtete.

Heute wartet die Marksburg als authentisches Burgenmuseum auf und beherbergt immer noch die Geschäftsstelle der Deutschen Burgenvereinigung.

♜ Marksburg, 800 m vom Weg, ☎ 026 27/206, 💻 www.marksburg.de,
🐾 marksburg@deutsche-burgen.org, 💻 www.marksburg.de, 🚩 Führungen täglich Ostern-Oktober 10:00-17:00, November-Ostern stündlich 11:00-16:00, Eintritt € 7 p. P.

Blick auf Braubach mit Marksburg

♜ Schloss Philippsburg

Das Schloss wurde von Philipp II. von Hessen-Rheinfels als Witwenresidenz für seine Gattin Anna Elisabeth von Pfalz-Simmern in Auftrag gegeben, da er Burg Braubach als nicht standesgemäß ansah. Nach drei Jahren Bauzeit wurde das Schloss am Rheinufer 1571 fertiggestellt. Gräfin Anna lebte dort nach dem Tode ihres Mannes fast 20 Jahre. Als Nachfolger und auch letzter Bewohner gilt Landgraf Johann der Streitbare, der das Schloss ab 1643 als Herrschaftsresidenz nutzte. Danach wurde die Anlage nicht mehr genutzt und verfiel allmählich. Erst das Herzogtum Nassau als neuer Besitzer ließ das Schloss zu Beginn des 19. Jh. sanieren, wobei bereits einige Teile des Anwesens entfernt werden mussten. Schon bald wurde es durch einen Unternehmer erworben, der es zu einem Hotel umbauen ließ. Dabei gingen weitere charakterliche Merkmale – vor allem am Haupthaus – verloren und die Änderungen ließen es sehr schlicht aussehen. Nach den Umbauten sind heute von der ursprünglichen Bausubstanz nur noch ein Treppenturm und zwei Torbauten erhalten geblieben. Auch Schloss Philippsburg ist im Besitz der Deutschen Burgenvereinigung und beherbergt das Europäische Burgeninstitut mit einer umfangreichen Fachbibliothek.

🚶🚶   Nach dem Besuch der Tourist-Information im Rathaus gehen Sie weiter auf die ✝ evangelische Kirche zu, biegen nach rechts in die Wilhelmstraße und überqueren die Oberalleestraße. Halten Sie sich nun links und gehen Sie unterhalb von der Oberalleestraße auf der Unteralleestraße an wunderschönen Fachwerkhäusern entlang weiter in Richtung des deutlich sichtbaren Obertores. Dahinter folgen Sie der Brunnenstraße geradeaus und biegen an einer Straßenkreuzung rechts in die Dachsenhauser Straße ab.

Hinter einem Schotterparkplatz befindet sich rechter Hand der Zugang zu einem schmalen Waldpfad, dem Barbericher Weg, auf dem Sie bis zu dessen Ende an einem Spielplatz verbleiben. Gehen Sie anschließend über die Straßenkreuzung halb rechts und leicht ansteigend, bis Sie zur ältesten Kirche der Stadt gelangen, der 1242 geweihten ✝ St.-Martin-Kirche. Heute wird sie noch als Friedhofskapelle genutzt und ist leider meist verschlossen.

📷   Dennoch haben Sie von der Rückseite der Kirche einen ersten schönen Blick in das Rheintal.

Folgen Sie der Straße weiter aufwärts, bis diese schließlich kurz hinter dem Friedhof auf Höhe eines Trafohauses in den Wald mündet. Wählen Sie hier den rechten, einspurigen Abzweig aufwärts. Mit mehreren Serpentinen windet sich der schmale Pfad nun rund 100 Höhenmeter nach oben bis zu einer Schutzhütte.

✋   Mitunter kann der mit Erde bedeckte Schieferuntergrund bei Feuchtigkeit rutschig sein.

Sie erreichen bald einen Abzweig nach links, der wesentlich leichter zu bewältigen ist als der etwas steilere Abschnitt geradeaus. Dafür werden Sie dort mit einem weiteren von unzähligen traumhaften Ausblicken in das Rheintal belohnt. Nur ein paar Ecken weiter vereinigen sich beide Wege wieder und führen Sie zur bereits angesprochenen Schutzhütte.

Gehen Sie an der Hütte links vorbei und dann weiter geradeaus in den Wald hinein. Auf den nächsten Kilometern laufen Sie zumeist mit Blick auf den Rhein an der Hangkante entlang oder umlaufen eingeschnittene Seitentäler. An der folgenden Gabelung wählen Sie den rechten Abzweig. Nach einem weiteren

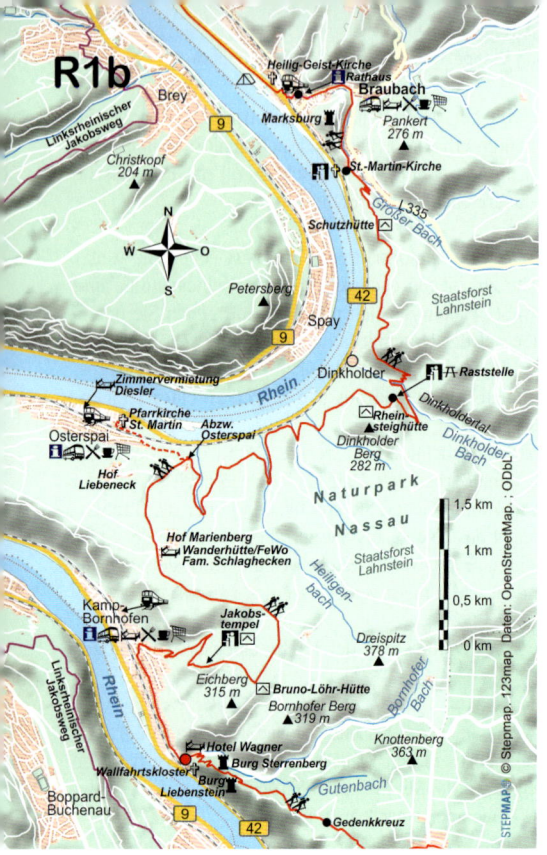

Aussichtspunkt mit Ruhebank erreichen Sie einen Hinweis auf eine versteckte Besonderheit im Wald: Ein Pfad führt rechter Hand abwärts zu einem Schauköhlermeiler mit Köhlerhütte und Informationstafel. Sie machen hier keinen großartigen Umweg, lediglich der Aufstieg aus der Tiefe zurück zum Camino ist etwas beschwerlich.

Folgen Sie nun weiter dem Camino. Kurz hinter einem Aussichtspunkt mit zwei Bänken wählen Sie an der Gabelung erneut den rechten Abzweig. Es folgt ein weiterer Aussichtspunkt mit einer Bank. Danach müssen Sie gut aufpassen, denn der Weg biegt scharf rechts abwärts in den Hang ab und bringt Sie über ein paar Serpentinen ins Dinkholdertal zu einem aktuell abgesperrten Sauerbrunnen.

Nutzen Sie linker Hand die kleine Brücke und setzen Sie Ihre Pilgerwanderung links fort. Der Weg steigt leicht an und zweigt schon bald nach rechts in einen Singletrail ab, der steil aufwärtsführt. Nach dem Anstieg haben Sie die Möglichkeit, sich an einer ⊼ ⋔ Raststelle mit erneut tollem Blick auszuruhen. Der Waldweg mündet kurz darauf in einen von links kommenden Weg.

✍ An dieser Stelle haben Sie die Möglichkeit, einen Abstecher mit ca. 500 m zusätzlichem Weg zur Rheinsteighütte auf dem Dinkholder Berg zu machen. Nutzen Sie dazu den Pfad, der vor Ihnen vom Weg in den Wald führt.

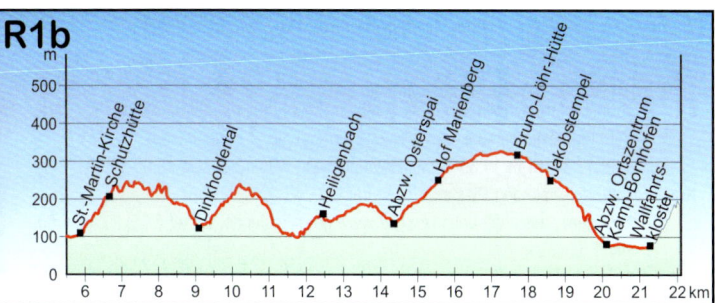 Allerdings sei vor dem Auf- und Abstieg gewarnt: Der Weg wird auf einer Informationstafel als „alpin" eingestuft. Die tatsächliche Beschaffenheit des schmalen Pfades, der sich mehr oder weniger steil durch den Wald windet, empfindet der Autor jedoch für beinahe jedermann begehbar.

Nehmen Sie an der kommenden Gabelung den rechten Abzweig. Dieser trifft auf einen weiteren Weg, dem Sie halb rechts folgen. Schon bald geht es durch stillgelegte Weinberge steil abwärts.

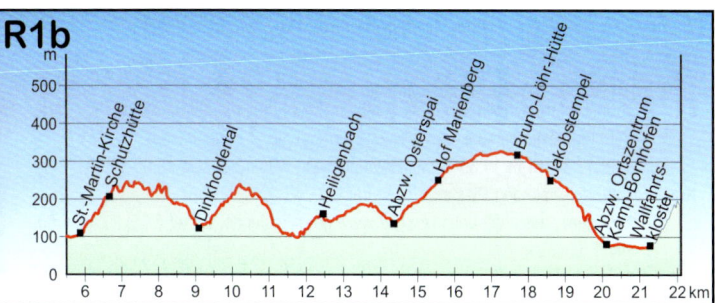 Der schmale Pfad ist von glatten Schieferstücken durchzogen, die in Verbindung mit Feuchtigkeit sehr rutschig sein können.

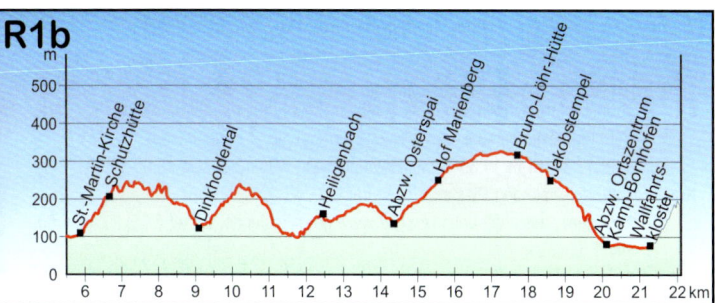

Sie überqueren über ein paar Bretter einen kleinen Bach, laufen an überwucherten Trockenmauern entlang und erreichen einen großen Platz im Wald, von dem weitere vier Wege in alle Himmelsrichtungen beginnen. Der Rhein-Camino wird auf dem zweiten Weg von rechts fortgesetzt.

Halten Sie sich immer rechts, bis Sie zu einem Getreidefeld kommen. An dessen Ende laufen Sie an Bruchstücken eines Jägerzaunes und Streuobstwiesen entlang. Sie betreten wieder dichteren Wald, bleiben auf dem breiten Weg und lassen die beiden Abzweige nach rechts einfach unbeachtet. Noch einmal umlaufen Sie ein kleines Seitental und erreichen kurz hinter einer Sitzgruppe mit einem Heiligenhäuschen eine Straße.

Wenn Sie möchten, können Sie einen Abstecher nach Osterspai machen, wo Sie in der spätbarocken katholischen ✞ Pfarrkirche St. Martin eine Jakobusstatue vorfinden. Außerdem können Sie sich in der Nachbarschaft am schönen, mit hübschen Fachwerkhäusern versehenen, alten Ortskern erfreuen und sich im nahe gelegenen Dorftreff (🕐 Mo, Sa 7:00-12:00, Di-Fr 7:00-12:00 und 14:30-

17:30) mit Verpflegung und Getränken versorgen. Osterspai hat einen Bahnhof und es besteht zudem die Möglichkeit zu einer Übernachtung.

Um in den Ort zu gelangen, gehen Sie an der Holzskulptur „Scheiterhaufen" des Künstlers Marco Lutz aus Dachsenhausen vorbei in die abwärtsführende Asphaltstraße. Sie passieren den Hexenborn, einen alten Brunnen, und ein größeres Kreuz, das sich ein paar Treppenstufen links oberhalb der Straße befindet. Wenn Sie die ersten Häuser erreichen, geht es rechts über die Brücke weiter, wo Sie nach wenigen Schritten direkt zur Pfarrkirche gelangen. Ein weiteres Schmankerl in Osterspai dürfte die ✝ Jakobus-Kapelle aus dem 13. Jh. darstellen, die sich auf dem Gelände der alten Burg befindet, aber eigentlich nicht zugänglich ist. In der früher dem hl. Petrus geweihten Kapelle befindet sich eine Figur des Jakobus von Antonio Bernal Redondo aus Córdoba. Um wieder auf den Rhein-Camino zu gelangen, gehen Sie den gleichen Weg wieder zurück.

Osterspai   1.250 Ew., 🖃 56340, 🛈 🚲 🚌 🛌 ✕ 🍽 🍺 ✝

🛈   Tourist-Information im Dorftreff, Hauptstraße 41, ☎ 026 27/97 12 75,

⌨ tourist@osterspai.de, 🖥 www.osterspai.de, 🕒 April-Oktober Mo, Sa 9:30-12:30, Di-Fr 14:30-17:30, November Mo 9:30-12:30, Do 15:00-18:00

🛌   Zimmervermietung Diesler, Eicherstraße 8, ☎ 026 27/17 87,

⌨ gerdi.diesler@t-online.de, 🖥 www.gerdidiesler.de, EZ ab € 35, DZ ab € 60, inkl. Frühstück

Wenn Sie nicht nach Osterspai laufen möchten, biegen Sie links ab in die aufwärtsführende Straße, auf der Sie bis zu deren Übergang in einen geschotterten Waldweg nahe eines Wanderparkplatzes verbleiben. Unterwegs passieren Sie auf dem ansteigenden Weg einen kleinen jüdischen Friedhof mit vier Grabmalen, später die Zufahrten zu den Höfen Liebeneck und Marienberg.

🛌   Wanderhütte/Ferienwohnung Familie Schlaghecken, Hof Marienberg, am Weg, ☎ 026 27/84 08, ⌨ anfragen@wanderurlaub-rheinsteig.de, 🖥 www.wanderurlaub-rheinsteig.de, ab € 20 p. P.

Der Schotterweg verläuft nun an einem eingezäunten Acker entlang und beginnt an dessen Ende, wieder moderat anzusteigen. An der folgenden Gabelung halten Sie sich rechts und an der nächsten Waldkreuzung noch einmal rechts. Nach einem kerzengeraden Wegstück gelangen Sie an einen hölzernen Wegweiser, an dem Sie geradeaus an einer großen Wiese entlangwandern. Hier beginnt ein Naturlehrpfad mit dem Thema „Bäume des Jahres". Alljährlich wird durch eine Kommission ein Baum des Jahres gewählt, der am Rand des Pfades

Jakobuskapelle in Osterspai

gepflanzt und mit einer Informationstafel mit Jahreszahl versehen wird. Eine tolle Idee! Es folgt unmittelbar hinter der Wiese eine große Kreuzung mit der Bruno-Löhr-Hütte. Wenn Sie den Blick ein wenig in die Höhe schweifen lassen, finden Sie an einer Tanne ein Kruzifix mit der eingravierten Jahreszahl 1950.

Setzen Sie den Rhein-Camino nach rechts fort, wo es nun allmählich und stetig abwärtsgeht. Kurz hinter einer Sitzgruppe mit einem übergroßen Holzpilz gibt es zwei Möglichkeiten. Entweder Sie bleiben auf dem breiten Schotterweg oder Sie zweigen nach rechts in einen Wiesenweg ab, der im Verlauf immer schmaler wird und zum █ Jakobstempel führt, einer kleinen Schutzhütte, die mit schönem Ausblick auf Boppard aufwartet. Von der Hütte windet sich der mit Wurzeln und Felsbrocken versehene Pfad durch den Wald und trifft letztendlich wieder auf den Schotterweg.

Gehen Sie rechts weiter und an der nächsten Kreuzung oberhalb eines kleinen Baches scharf links abwärts.

█   An einer Ruhebank ergibt sich noch einmal ein schöner Ausblick auf die gegenüberliegende Rheinseite.

Sie marschieren auf dem breiten Schotterweg weiter abwärts, passieren ein großes Gedenkkreuz und biegen hinter einer meist offenen Schranke links, am Wasserwerk Camp von 1925 vorbei, in die Forststraße ein. An deren Ende erreichen Sie eine große Straßenkreuzung, an der es geradeaus zum Bahnhof und ins Ortzentrum geht. Um zum Etappenziel, der ✝ Wallfahrtskirche Bornhofen, zu gelangen, müssen Sie sich nach links in die Bornstraße wenden. Nach wenigen Schritten biegen Sie erneut nach links in die Marienstraße ein und laufen an der Grundschule und der Feuerwache vorbei. Folgen Sie der Marienstraße und der danach von rechts kommenden Straße. Hier am Kirchplatz können Sie bereits den Turm der Wallfahrtskirche vor sich sehen. Sie passieren noch ein Seniorenheim und befinden sich unmittelbar vor dem Kloster und der Kirche.

Kamp-Bornhofen   1.600 Ew., ✉ 56341, 🔌 🚲 🚐 🛏 ✕ 🚆 🛒 🏧 🌼 🎒 ✝

🛈	Tourist-Information, Rheinuferstraße 34, 500 m vom Weg, ☎ 067 73/93 73, ✉ touristik@kamp-bornhofen.de, 🖥 www.kamp-bornhofen.de, 🕐 Mo-Sa 9:00-12:00, Mo, Di, Do, Fr 15:00-17:00
🛏 ✕	Hotel Kurfürst Kamp, Klostergarten 6, 750 m vom Weg, ☎ 067 73/250, ✉ info@hotel-kurfuerst-kamp.de, 🖥 www.hotel-kurfuerst-kamp.de, EZ ab € 35, DZ ab € 70, inkl. Frühstück
♦	Hotel & Pensionshaus Wagner, Burgenstraße 6, am Weg, ☎ 067 73/316, ✉ info@rheinhotel-wagner.de, 🖥 www.rheinhotel-wagner.de, EZ ab € 42, DZ ab € 72, inkl. Frühstück

Der Wallfahrtsort Kamp-Bornhofen liegt malerisch im Mittelrheintal und wird von den beiden Burgen Sterrenberg und Liebenstein – eher als die Feindlichen Brüder bekannt – bewacht. Einer mittelalterlichen Sage zufolge vermachte ein Ritter seinen beiden Söhnen die Burgen, sein Geld aber sollte nach seinem Tod zu gleichen Teilen auch mit seiner blinden Tochter geteilt werden. Die habgierigen Brüder gönnten ihr den Anteil nicht und verstießen sie in der Hoffnung, dass sie auf dem Weg ins Tal abstürzen und ums Leben kommen würde, aus der Burg. Sie erreichte ihr Ziel jedoch unbeschadet und baute dort, wo heute Bornhofen liegt, eine Kapelle.

Der Ortsname lässt schon vermuten, dass der Ort aus den Ortsteilen Kamp und Bornhofen besteht. Dabei ist Bornhofen mit seiner erstmaligen Nennung im Jahr 949 etwas älter als „Cambo". Kaiser Konrad II. schenkte zu Beginn des 11. Jh. einen Hof zu Kamp an die Stiftsherren des Limburger St.-Georg-Stiftes. Eine Urkunde aus dem Jahr 1224 bezeugt, dass ein Priester Remboldus in einer

Kapelle oder Kirche tätig war und einige Jahrzehnte später wurde von einem wundertätigen Bild, einer schmerzhaften Muttergottes, berichtet. Außerdem ist überliefert, dass das Gotteshaus „Unserer Lieben Frau" geweiht war. Mittlerweile ist Kamp-Bornhofen seit rund 800 Jahren einer der ältesten Marienwallfahrtsorte in Deutschland.

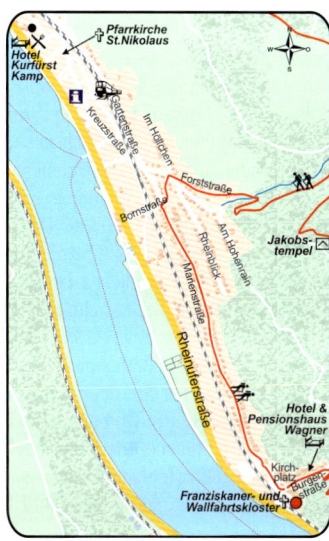

Weg durch Kamp-Bornhofen

Ein wesentlicher Erwerbszweig am Rhein war die Flößerei, deren Blütezeit im 17. Jh. begann. Dabei wurden bis zu 500 m lange Flöße aus Süddeutschland unter anderem bis in die Niederlande gebracht. Um 1900 lebten in Camp bis zu 100 Familien von der Flößerei.

Wie bei fast allen Orten in der Region gaben sich die Herrscher die Klinke in die Hand. Nach einer über mehrere Jahrhunderte dauernden Zugehörigkeit zum Kurfürstentum Trier regierte das Herzogtum Nassau und danach Preußen. Die Schreibweise Camp wurde erst 1936 geändert, der Doppelname besteht seit 1948. Wenn Sie aufmerksam waren, haben Sie den alten Namen noch am Wasserwerk von 1925 kurz vor dem Ende der Etappe gelesen. Kamp-Bornhofen erhielt nie Stadtrechte und gehört seit 2012 zur Verbandsgemeinde Loreley.

✞ Franziskaner- und Wallfahrtskloster Bornhofen

Ritter Johannes Brömser von Rüdesheim, der um 1400 lebte, hatte Burg Sterrenberg geerbt und ließ, nachdem er bereits die Pfarrkirche in Rüdesheim und die ✞ Wallfahrtskirche Nothgottes nahe Rüdesheim erbaut hatte, die bestehende Bornhofener Kirche erweitern. Die Vollendung der heutigen Kirche erfolgte allerdings erst 1435 und damit nach seinem Tod. Das Gnadenbild stammt aus dem 15. Jh. und befindet sich in einer im 17. Jh. vom Trierer Erzbischof Johann Hugo von Orsbeck gestifteten Gnadenkapelle, die in schwarzem, weißgeadertem Lahnmarmor ausgearbeitet wurde. Der Hochaltar wurde im ausgehenden 18. Jh. als größere Kopie der Gnadenkapelle aus dem gleichen Material ergänzt.

Nachdem zunächst Franziskaner aus Boppard aushalfen, die zunehmenden Pilgerströme zu bewältigen, verlegte der Erzbischof 1679 einen Kapuziner-

Konvent von Wellmich nach Bornhofen und ließ auf eigene Kosten das Wallfahrts-kloster bauen. 1813 wurden die Brüder nach der Aufhebung des Klosters vertrie-ben. Im Rahmen der Säkularisation wollte der protestantische Herzog Friedrich Wilhelm von Nassau die Kirche zum Abbruch freigeben und übereignete das wertvolle Inventar einschließlich der Glocken aus dem 15. Jh. und des Gnaden-bildes an die katholische Pfarrgemeinde St. Bonifatius in Wiesbaden. Erst ein als Zeichen des Himmels gedeutetes Ereignis ließ den Herzog zumindest bezüglich des Gnadenbildes von seinem Plan abkommen. Neben heftigem Protest der Bevölkerung gab es nämlich bei dem Versuch, das Gnadenbild von seinem Stand-ort zu heben, einen tödlichen Unfall. Der neue Eigentümer des Klosters und die Bürgerschaft kauften die Kirche wieder zurück und konnten nach neun Jahren am 6. Mai 1821 wieder einen Gottesdienst in ihr feiern.

Ab 1850 wirkten Redemptoristen aus Altötting am Rhein. Diese mussten aber nur 23 Jahre später ihre deutsche Heimat während des Kulturkampfes verlassen. Erst 1890 konnte der Limburger Bischof die Franziskaner aus der Thüringischen Ordensprovinz für die Wiederbesiedelung des Wallfahrtsklosters gewinnen.

Da die Wallfahrten immer mehr zunahmen und Kirche und Kloster durch einen nie aufgeklärten Brand im Jahr 1949 beschädigt wurden, entstand die Idee, eine

Klosterkirche und Wallfahrtskloster in Kamp-Bornhofen

modernere, größere Pilgerkirche an die alte Kirche anzubauen. Diese wurde im Mai 1970 eingeweiht. Noch heute ist Bornhofen Ziel von zahlreichen Wallfahrten aus allen Richtungen per Schiff oder zu Fuß mit bis zu 1.000 Teilnehmern.

Etappe 2: Von Kamp-Bornhofen nach St. Goarshausen

➲ 15,1 km, ⧗ 4 Std. 30 Min., ↑ 486 m, ↓ 490 m, ⇡ 68-364 m

0,0 km	⇡	74 m	Kamp-Bornhofen (Wallfahrtskloster) 🛈 🚌 🚐 🛏 ✕ ☕ ▪ 🍴 BANK ⚲ 🏋 ✝
3,6 km	⇡	351 m	Lykershausen (St.-Johannis-Kirche) 🚐 ✝
5,2 km	⇡	293 m	Prath 🚐
10,3 km	⇡	75 m	Wellmich (St.-Martin-Kirche) 🚐 ✝
15,1 km	⇡	68 m	St. Goarshausen (Bahnhof) 🛈 🚌 🚐 🛏 ✕ ▪ 🍴 BANK 🏋 ✝ ♜

Am heutigen Tag müssen Sie zunächst über die Burgen Sterrenberg und Lieben-stein auf die Taunushöhen emporsteigen und wandern dort zunächst meist außer Sichtweite des Rheins durch eine ländliche Gegend. Der Abstieg nach Wellmich bietet Ihnen wiederum traumhafte Aussichten. Nach einem erneuten Anstieg auf die Höhe pilgern Sie entlang der Hangkante des Mittelrheintales und erreichen durch aufgelassene (nicht mehr bewirtschaftete) Weinberge Ihren Zielort St. Goarshausen.

🚶🚶   Sie starten am Kirchplatz in Kamp-Bornhofen und folgen der aufwärts ver-laufenden Burgenstraße, die von hübschen Fachwerkhäusern mit Gaststätten und Pensionen gesäumt ist. Hinter dem Treppenaufgang zum Haus Ruhwinkel führt ein schmaler Pfad mit felsigem Untergrund rechts von der Straße weg. Über eini-ge Serpentinen gewinnen Sie zunehmend an Höhe. Das letzte Stück des Weges bis zur Burg Sterrenberg ist mit in den Felsen geschlagenen Stufen, die nicht immer eine ideale Schritthöhe besitzen, und einem Stahlgeländer versehen. Sie durchschreiten ein kleines Tor und befinden sich auf dem Areal der Burganlage. Neben der Burgschänke (🍴 im Sommer täglich 12:30-21:30) ist der bis 18:00 geöffnete, weiß getünchte Bergfried eine besondere Attraktion. Von der Aus-sichtsplattform haben Sie einen grandiosen Rundumblick auf die Umgebung.

   Sie wandern weiter über das Gelände der Vorburg, durchschreiten zunächst eine Schildmauer und kurz darauf eine zweite Mauer, genannt Streitmauer. Über

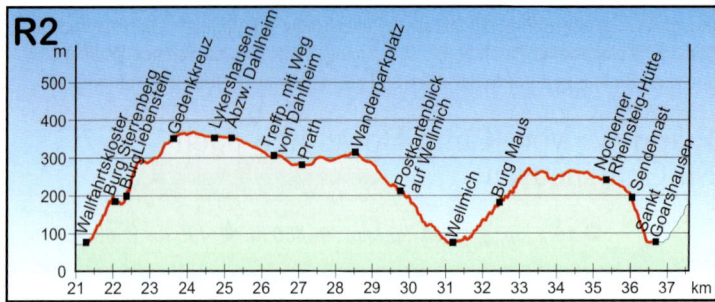

eine Holzbrücke erreichen Sie eine Piste, die dann in die Zufahrtsstraße zur Burg Liebestein mündet. Dieser folgen Sie rechts steil aufwärts. Auf Höhe eines Mauerrestes biegt links ein schmaler Pfad in den Wald ab. Direkt geradeaus vor Ihnen liegt Burg Liebenstein, wo sich ein kleines, exklusives Hotel mit Restaurant befindet.

♖ Burg Sterrenberg

Obwohl Burg Sterrenberg bereits 1034 in einer Urkunde als Reichsburg bezeichnet wird, ist erst der Eintrag im Lehensbuch des Reichsministerialen Werner von Bolanden aus der Pfalz aus dem Jahr 1190 gesichert. Die Burg ist damit heute die älteste erhaltene Anlage am Mittelrhein. Nach verschiedenen Besitzerwechseln beanspruchte der Trierer Kurfürst Balduin von Luxemburg die Burg zu Beginn des 14. Jh. und machte sie zum Zentrum seines rechtsrheinischen Herrschaftsgebietes. Die Burg wurde danach durch den Bau einer zweiten Schildmauer zusätzliche verstärkt, verlor aber nach einem halben Jahrhundert ihren Status an die neu gebaute und für Kurtrier günstiger gelegene ♖ Burg Maus oberhalb von Wellmich. Bereits im 15. Jh. galt Burg Sterrenberg als baufällig und war im 16. Jh. dann nicht mehr bewohnt. Nach Auflösung der kirchlichen Herrschaftsbereiche 1806 fiel die Burg zunächst an das Herzogtum Nassau und anschließend an Preußen und befindet sich seit der Nachkriegszeit im Eigentum des Landes Rheinland-Pfalz. Dieses ließ von 1970-1977 die Ruine der Burg sichern und zwei Wohngebäude an der Ringmauer wiederaufbauen.

♖ Burg Liebenstein

Es wird vermutet, dass Burg Liebenstein ursprünglich als Vorburg von Burg Sterrenberg gedacht war, dann aber von Albrecht von Löwenstein im auslaufenden 13. Jh. ausgebaut wurde. Dieser war mit Luccardis von Bolanden verheiratet, deren Onkel Werner als Eigentümer von Burg Sterrenberg ihren Besitz streitig

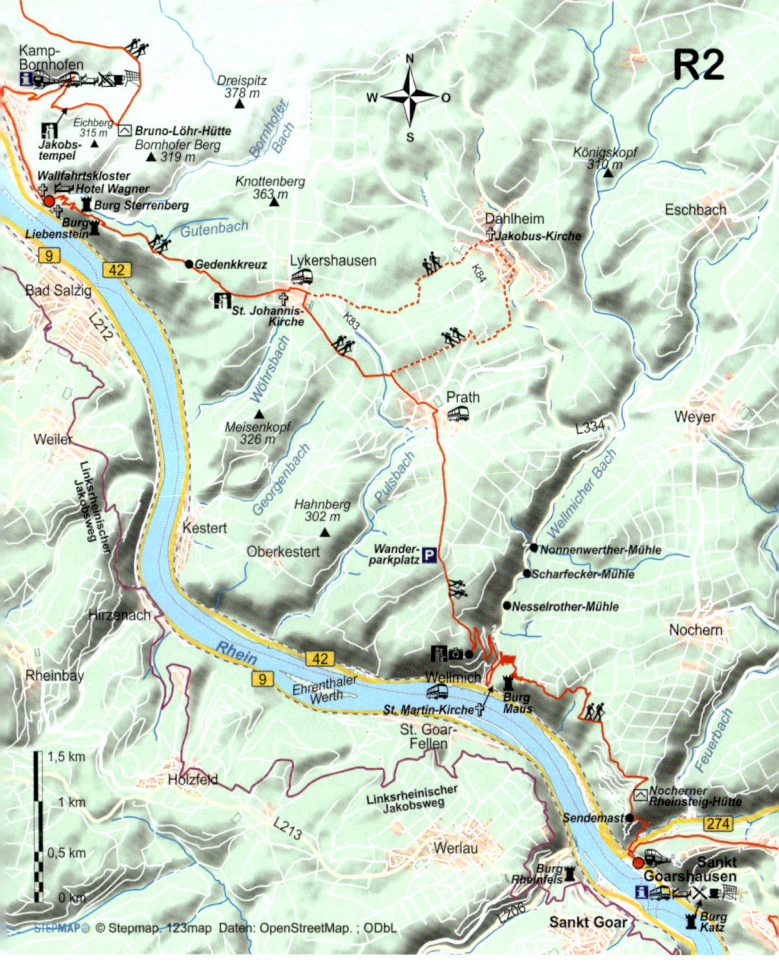

machte. Schon bald musste Burg Liebenstein an die Sterrenberger verkauft werden, die sich nun nach ihrem neuen Besitz umbenannten. Nach dem Verlust von Burg Sterrenberg verblieb Liebenstein als Ganerbenburg, d. h., mehrere durch Erbteilungen entstandene Familienzweige lebten dort. Im 14. und 15. Jh. erfolgten weitere Anbauten, Wehrtürme und Wohngebäude. Zu Beginn des 16. Jh. galt die Burg bereits als verfallen, dennoch wechselten die Besitzer weiterhin. Schließlich wurde 1783 der damalige Regierungspräsident Georg Ernst Ludwig Freiherr von Preuschen von und zu Liebenstein mit der Burg beliehen, dessen Nachkommen heute immer noch Eigentümer der Burg sind.

Feindliche Brüder

Neben der Sage zur Entstehung von Bornhofen (☞ Seite 134) sind die Feindlichen Brüder Gegenstand einer weiteren Sage aus dem 16. Jh. Die beiden Burgen Sterrenberg und Liebenstein verbindet eine Sage aus dem 16. Jh., aufgrund derer sie im Volksmund nur die „Feindlichen Brüder" genannt wurden. Heinrich Heine, bedeutender deutscher Dichter des 19. Jh., fand in der Sage Inspiration für sein Gedicht „Zwei Brüder", das 1827 im „Buch der Lieder" erschien. Auf Burg Sterrenberg wuchsen Heinrich und Konrad, die Söhne von Heinrich Beyer von Boppard, gemeinsam mit Hildegard, einer verwaisten Verwandten, auf. Beide verliebten sich in die junge Frau, doch Heinrich, der ältere, verzichtete zugunsten der beiden auf sein eigenes Glück. Um über den Schmerz der unerfüllten Liebe hinwegzukommen, beteiligte er sich an einem Kreuzzug und zog ins Heilige Land. Konrad erreichten Berichte über die Heldentaten seines Bruders. Er wollte diesem nicht nachstehen und zog vor der geplanten Hochzeit ebenfalls in den Kampf. Als Heinrich zurückkehrte, zog er mit Hildegard auf die ihm von seinem inzwischen verstorbenen Vater vererbte Burg Liebenstein. Bald kehrte auch Konrad zurück in die Heimat, und zwar in Begleitung einer schönen Griechin. Heinrich bemerkte den Herzschmerz von Hildegard und forderte Konrad zum Duell heraus. Doch auch Hildegard konnte es nicht ertragen, dass sich die Brüder bekämpfen wollten. Sie ließ sich das Versprechen geben, dass sich Heinrich und Konrad für immer in Ruhe lassen und friedvoll miteinander leben würden. Sie selbst trat in das Kloster Marienberg in Boppard ein, um nicht Grund für die Streitigkeiten der beiden zu sein. Ein Jahr später verließ die Griechin Konrad wegen eines anderen Ritters. Die beiden Brüder versöhnten sich und lebten gemeinsam auf Burg Liebenstein.

Biegen Sie in den zuvor erwähnten Pfad ein, bleiben Sie beständig auf diesem und lassen Sie alle Nebenwege außer Acht. Sie erreichen aufwärts wandernd ein eingezäuntes Gelände, das Sie durch stählerne Drehtore betreten und wieder verlassen. Vor einigen Jahren wurde an den Hängen im Bereich der beiden Burgen eine Untersuchung zum Thema „nachhaltige Entwicklung xerothermer Hanglagen" durchgeführt. Auf 60 ha Fläche weideten hier einmal Burenziegen und Exmoorponys. Im weiteren Verlauf des Weges passieren Sie linker Hand ein Gedenkkreuz aus dem Jahr 1754. Es erinnert an den Landarbeiter Bartholomäus Sauerborn, der an dieser Stelle überfallen, beraubt und erschlagen wurde. Sie laufen danach durch eine etwas lichte Stelle im Wald und treffen auf einen von rechts dazustoßenden Weg. Folgen Sie diesem – Sie erreichen nach einem Linksknick bald eine außergewöhnlich große Sitzgruppe sowie ein eingezäuntes Areal, auf dem sich hin und wieder auch ein paar Tiere befinden.

Sie wandeln nun auf den Rheinhöhen und haben fast freien Blick auf die Hochebenen auf der anderen Rheinseite. Der Camino folgt nun dem Waldrand, wo sich Rastbänke sowie ein großes Wegekreuz befinden. Schon bald tauchen vor Ihnen die ersten Häuser von dem Dörfchen Lykershausen (230 Ew., ☰ 56346, 🚌 ⛪) auf. Sie betreten das im 12. Jh. erstmals als Lyggershusen bezeichnete Dorf an einer großen Lagerhalle und gehen geradeaus in die Kirchstraße.

Im weiteren Verlauf der Kirchstraße treffen Sie auf die 1885 erbaute ⛪ katholische Kirche Johannes der Täufer, die täglich geöffnet ist und „zur Besichtigung, zum Ausruhen, zur Besinnung, zum Gebet" einlädt. Hinter der Kirche biegen Sie nach links in die Mittelstraße ab und anschließend nach rechts in die Schmiedestraße (= K83). Bereits nach 150 m wenden Sie sich an einem weißen Lagerhäuschen mit Sirenenanlage auf dem Dach nach rechts in die Straße Zum Rheinufer.

✎   Hier besteht die Möglichkeit, einen nicht mit der Jakobsmuschel markierten Abstecher zur ⛪ Jakobs-Kirche nach Dahlheim (850 Ew., ☰ 56348, 🚌 🍽) zu machen. Die Etappe verlängert sich durch das zusätzliche Wegstück auf insgesamt 19 km. Dahlheim ist übrigens eine von wenigen deutschen Gemeinden, die in ihrem Wappen eine Jakobsmuschel führt. Bleiben Sie noch ca. 150 m an der K83 und biegen Sie dann nach links auf einen asphaltierten Feldweg ab, der am Friedhof vorbeiführt. Überqueren Sie die nächste Kreuzung und laufen Sie auf einem Schotterweg auf den vor Ihnen liegenden Wald zu. Es geht am Waldrand weiter und schon sehr bald sehen Sie vor sich das im Tal liegende Dorf mit der Jakobus-Kirche aus dem 19. Jh., die auf einer Anhöhe thront. Am Ende des Waldes, auf Höhe einer Ruhebank, biegen Sie nach links in einen Wiesenweg ab und gehen abwärts durch Felder auf eine Baumgruppe zu. Nach ca. 200 m wenden Sie sich dort nach rechts auf einen weiteren Wiesenweg, der Sie schon bald entlang eines eingezäunten Geländes weiter abwärts bringt. An der folgenden Gabelung halten Sie sich rechts und erreichen auf einem sich nicht in gutem Zustand befindlichen, asphaltierten Wirtschaftsweg schon bald nahe einem Fußballplatz die K84. Folgen Sie dieser nach links in den Ort und laufen geradeaus durch den steilen Hohlweg, einer Einbahnstraße, bis zur Schulstraße. Überqueren Sie diese und nutzen Sie den Fußweg neben dem katholischen Pfarrhaus sowie ein paar Treppenstufen hinauf bis zur ⛪ Jakobus-Kirche. Rechts neben dem Chor ist die Statue des heiligen Jakobus angebracht. Laufen Sie dann die Treppen wieder hinunter und auf dem Fußweg zurück.

Wieder auf der Schulstraße unterhalb der Kirche geht es links weiter und danach geradeaus über die Kreuzung in die Mittelstraße. Vor einer Linkskurve biegen Sie nach rechts in die Brückenstraße ab, überqueren dann über eine kleine Brücke den Eisenbach und gehen anschließend auf einem asphaltierten Wirtschaftsweg entlang eines eingezäunten Lagers einer Baufirma auf die Bäume vor Ihnen zu. Bleiben Sie so lange auf dem aufwärtsführenden Weg, bis dieser zu einem Feldweg wird. Hier folgt eine Links-Rechts-Kombination und nach ca. 200 m auf einem Wiesenweg in Richtung eines Strommastes eine T-Kreuzung, an der Sie nach rechts abbiegen, um entlang von Brombeersträuchern wieder zur K84 zu gelangen. Wenden Sie sich dort nach links und nehmen Sie den nächsten Feldweg auf der anderen Straßenseite nach rechts, der Sie an den Waldrand bringt. Dort gehen Sie weiter geradeaus bis zur K83, wo Sie wieder auf den Rhein-Camino treffen, der nach links in Richtung Prath fortgesetzt wird.

Gehen Sie entlang des Dorfgemeinschaftshauses sowie eines Spielplatzes. Sie folgen der Straße in einem leichten Bogen nach links und verlassen sie schließlich in der nächsten Rechtskurve geradeaus an einer Tennisanlage und einem Bolzplatz vorbei in einen Feldweg. Dieser führt Sie zunächst schnurgeradeaus durch Getreidefelder. Lassen Sie sich nicht durch abzweigende Feldwege beirren, sondern bleiben Sie auf dem breiten, eingeschlagenen Weg, der leicht abwärtsführt. Erst an einem Markierungspfahl für eine Gasleitung biegen Sie nach links unten ab und erreichen nach ca. 300 m die K83, wo sich auf der gegenüberliegenden Straßenseite ein Wegekreuz befindet. Überqueren Sie die verkehrsarme Straße und folgen Sie ihr nach rechts bis zur nächsten Ortschaft Prath (290 Ew., 56346, 🚌), die bereits im 10. Jh. erstmals in einer Urkunde genannt wurde. Wandern Sie an der Kreuzung links entlang der Vorfahrtstraße, bis Sie nach ca. 300 m die Abzweigung zur Rheinstraße erreichen, in die Sie nach rechts einbiegen.

Hinter einem kleinen Bilderstock und einem kleinen Rastplatz geht es links weiter über den Rhein-Höhen-Weg, an dessen Ende Sie Prath an einigen Kleingärten verlassen. Der Camino bringt Sie nun auf einem Schotterweg ein kurzes Stück aufwärts, bis Sie in der Nähe einer Ruhebank auf einen asphaltierten Wirtschaftsweg gelangen, dem Sie nach rechts folgen. Auf diesem Weg bleiben Sie nun eine Weile. Sie durchqueren – beginnend auf Höhe einer weiteren Ruhebank – ein kleines Waldstück und gelangen zu einem Wanderparkplatz. In der Ferne können Sie das Zeltdach der Freilichtbühne auf dem berühmten Loreleyfelsen erkennen. Hier endet auch der Asphalt und Sie gehen geradeaus auf einem Wiesenweg in Richtung Waldrand. Kurz davor biegen Sie nach rechts auf einen je nach Bewuchs nicht sofort erkennbaren Pfad ab und wandern abwärts in Richtung von Wellmich, einem Stadtteil von St. Goarshausen. Zunächst mündet der Pfad in einen Waldweg, der sich dann über ein paar Serpentinen ins Tal windet.

📷 📷 In einer dieser Haarnadelkurven bietet sich Ihnen durch die Bäume ein Postkartenblick auf Wellmich, die darüberliegende ♜ Burg Maus, in der Ferne auf St. Goarshausen und auf St. Goar auf der anderen Rheinseite.

An einem Wasserauffangbehälter aus Beton wählen Sie gegenüber den etwas steinigen Pfad abwärts entlang einer Trockenmauer. Am Ende des Pfades wenden Sie sich nach links auf den breiten Weg, der Sie in die Bachstraße bringt. Dieser folgen Sie nach rechts bis vor die Bahnunterführung, wo Sie die Straße überqueren und nach wenigen Schritten eine Treppe erreichen, die Sie zur sehenswerten ✝ Pfarrkirche St. Martin führt.

Wellmich   60 Ew., ✉ 56346, 🚌 ✝

Der heutige Stadtteil von St. Goarshausen wurde bereits 1042 als Wallmichi erstmals urkundlich erwähnt und ist damit rund 200 Jahre älter als die Stadt selbst. Zunächst gehörte die Ansiedlung zum Herrschaftsbereich der Herren von Arnstein und ab 1067 den Grafen von Nassau und Katzenelnbogen, die beide gemeinsam die Verwaltung ausübten. Im 14. Jh. erwarb der Trierer Kurfürst Boemund II. zunächst die Gerichtsbarkeit, danach noch ein Lehen über das Gemeinwesen und schließlich ab 1354 die dauerhafte Herrschaft. Es folgte die kaiserliche Erlaubnis zum Befestigungsbau und 1357 die Verleihung der Stadtrechte. In diese Zeit fällt auch der Baubeginn der Burg Maus. Durch die Zugehörigkeit zu Kurtrier blieben Wellmich, Lykershausen und Prath nach Einführung der Reformation weiterhin katholisch. Während der großen Kriege im 16. und 17. Jh. wurde Wellmich mehrfach von französischen Truppen eingenommen und litt unter den Repressalien der Eroberer. Ab 1760 begann nach dem Fund von Blei- und Zinkerz mit der Grube Gute Hoffnung ein intensiver Bergbau, der erst 1961 eingestellt wurde. 1969 wurde Wellmich ein Stadtteil von St. Goarshausen.

✝ Katholische Pfarrkirche St. Martin

Heute findet man noch mit dem südlichen Seitenchor Reste von einem Kirchenbau aus der Zeit um 1300. Der Seitenchor dient heute als Marienkapelle mit einer Pieta aus Lindenholz aus dem 14. Jh. Die angebaute, größere Kirche mit dem imposanten Wehrturm stammt aus dem ausgehenden 14. Jh. Aus dieser Zeit stammt auch die farbenprächtige gotische Wandmalerei an der Nordseite des Kirchenschiffes, die auf einer Fläche von 4 x 10 m im oberen Band eine Kreuzigungsszene sowie die Martyrien der zwölf Apostel und im unteren Band das Jüngste Gericht darstellt. Die Malerei wurde zwar schon 1906 entdeckt, aber erst 1948 freigelegt und der Öffentlichkeit zugänglich gemacht.

🚶🚶   Sie verlassen Wellmich, indem Sie aus der Kirche heraustreten und nach rechts über die idyllische Obergasse zur Bachstraße zurückkehren. Wechseln Sie zu Ihrer eigenen Sicherheit auf die andere Straßenseite und bleiben Sie dort, bis Sie eine ehemalige Feuerwache erreichen. Dort überqueren Sie noch einmal die Straße und pilgern gegenüber auf dem zur Burg Maus führenden Zubringerweg weiter.

♟ Burg Maus

Nach der Erlaubnis zum Befestigungsbau durch den deutschen Kaiser begann der Trierer Erzbischof schon bald mit der Planung einer Burg am südlichsten rechtsrheinischen Zipfel seines Herrschaftsgebietes, die den Namen Peterseck erhalten sollte. Später war sie auch unter den Namen Burg Thurnberg und Deuernberg bekannt. Erst seine beiden Nachfolger konnten den Bau vollenden und nutzten ihn auch zeitweise als Residenz. Sie sollte ein trutziges Gegenstück zu den allerdings wesentlich größeren Burgen der Katzenelnbogener Grafen Rheinfels auf der gegenüberliegenden Rheinseite und Neukatzenelnbogen nur 2 km südlich darstellen. Da die Bevölkerung von Letzterer eher von Burg Katz sprach, haben vermutlich die Katzenelnbogener Grafen die etwas abwertende Bezeichnung Burg Maus geprägt, die vom Volksmund übernommen wurde. Obwohl Burg Maus nie zerstört wurde, verfiel sie im Laufe des 18. Jh. und wurde zu Beginn des 19. Jh. verkauft. Erst rund 100 Jahre später erfolgte der Wiederaufbau, der sich am ursprünglichen Erscheinungsbild orientierte. Bis 2010 übte die Burg mit den Flugvorführungen einer Falknerei vor allem auf Familien eine große Anziehungskraft aus. Momentan ist die Burg nur zu sehr wenigen Terminen für Besichtigungen und Veranstaltungen geöffnet (☎ 067 71/23 03, ✉ verwaltunginfo@burg-maus.de, 🖥 www.burg-maus.de).

🚶🚶   Vom Burgtor schlängelt sich der Weg in engen Serpentinen durch einen dichten Eichen- und Buchenwald in die Höhe. Unterwegs ignorieren Sie bitte den Wegweiser nach Nochern, dem zur Schönen Aussicht können Sie jedoch bedenkenlos folgen. Kurz hinter einer Sitzgruppe aus massivem Holz erreichen Sie eingezäuntes Weideland und gehen nach rechts weiter. An einer Informationstafel werden Sie wieder auf ein Pfädchen abwärts geleitet. Sie wandern anschließend auf einem Wiesenweg am Waldrand und an Weiden entlang weiter. An einem Hochsitz macht der Weg einen Knick nach links, bis eine Lücke in der Umzäunung einen weiteren Pfad nach rechts freigibt, dem Sie abwärts folgen. Nach einer kurzen Waldpassage geht es weiter auf einem Wiesenweg entlang von Weideland bis zu einer Kreuzung mit einer Hinweistafel. Sie überqueren die Kreuzung geradeaus, wo Sie nun von Getreidefeldern begleitet werden. Sie bewegen sich

Blick ins Rheintal mit Burg Maus

jetzt eine Zeit lang an der Hangkante zum Rheintal, wobei Sie immer wieder Gelegenheit haben, ins Tal oder auf der gegenüberliegenden Seite des Rheins auf St. Goar mit der imposanten ♜ Burg Rheinfels zu schauen.

Schließlich erreichen Sie eine Straße, in die Sie nach rechts einbiegen. Bald treffen Sie auf die Nocherner Rheinsteig-Hütte und laufen anschließend an Weinbergen vorbei. An einem Sendemast biegen Sie nach links auf einen Wiesenweg ab und treffen auf eine Hinweistafel zum weiteren Wegverlauf. Sie haben nun die Wahl zwischen dem leichteren Weg geradeaus durch einen aufgelassenen Weinberg und einem Klettersteig nach rechts. Ich empfehle die Route über den Weinbergpfad nach St. Goarshausen, der mit kleinen, aber machbaren Schwierigkeiten, wie zum Beispiel felsigem Untergrund oder unterschiedlichen Tritthöhen, aufwartet. Am Ende durchschreiten Sie am Friedhof ein Wildtor und begeben sich noch ein paar Treppenstufen abwärts bis zur Straße Am Rabenack. Hier wenden Sie sich nach rechts, laufen unter der Bahnlinie hindurch und haben am Bahnhof von St. Goarshausen Ihr Tagesziel erreicht. Für einen Besuch der ♱ evangelischen Kirche und der ♱ katholischen Pfarrkirche St. Johannes der Täufer müssen Sie noch ca. 400 m in Richtung Stadtmitte laufen.

St. Goarshausen

1.300 Ew., 56346,

Weg durch St. Goarshausen

i Tourist-Information, Bahnhofstraße 8, 300 m vom Weg, ☎ 067 71/91 00,
info@loreley-touristik.de, www.st-goarshausen.de, April-Oktober Mo-Fr
9:00-17:00, Sa 10:00-12:00, November-März Mo-Fr 10:00-17:00

Hotel Colonius, Bahnhofstraße 35-37, am Weg, ☎ 067 71/26 04,
info@hotel-colonius.de, www.hotel-colonius.de, EZ ab € 43, DZ ab € 74,
inkl. Frühstück

◆ Hotel Nassauer Hof, Bahnhofstraße 22, 200 m vom Weg, ☎ 067 71/80 28 40,
info@nassauer-hof-loreley.de, www.nassauer-hof-loreley.de, EZ ab € 49,
DZ ab € 68, inkl. Frühstück,

Obwohl auf den Höhen über St. Goarshausen bereits aus der Zeit um 500 v. Chr. keltische Ansiedlungen nachweisbar sind, dauerte es am Rhein selbst noch bis zum 6. Jh. Zu dieser Zeit ließ sich auf der anderen Flussseite der aquitanische Missionar Goar als Eremit nieder und predigte den Heiden die frohe Botschaft. Wahrscheinlich wurde im 12. Jh. die noch unbedeutende Siedlung den Herren von Isenburg als Lehen vergeben. Erstmalig taucht der Ort im Jahr 1222 ohne eigenen Namen in einem Vermerk auf, in dem das Kirchenpatronat der Lehensnehmer in einer „bona villa" auf dem rechten Rheinufer gegenüber St. Goar erwähnt wird. Dabei kann es sich zweifellos nur um das heutige St. Goarshausen handeln. Und noch im gleichen Jahrhundert ist erstmalig mit der Bezeichnung Guereshusen ein Name präsent. 1276 wird in der Mitgift von Irmgard, der Tochter von Ludwig von Isenburg, auch das Dorf Husen apud sanctum Goarem (St. Goarshausen) aufgeführt. Einige Jahre später wird sie mit Graf Wilhelm von Katzenelnbogen verheiratet und legt damit den Grundstein für eine rund 500 Jahre andauernde Herrschaft der Katzenelnbogener über St. Goarshausen. 1324 erhielt der Ort durch König Ludwig den Bayern die gleichen Stadtrechte wie zum Beispiel Frankfurt verliehen und man baute eine Stadtmauer, von der noch zwei Türme erhalten sind. Mit der kaiserlichen Erlaubnis zur Errichtung einer Zollstelle sowie dem Bau von Burg Neukatzenelnbogen stärkten die Grafen ihren Einfluss in der Region, die ja unmittelbar an das Herrschaftsgebiet von Kurtrier angrenzte.

Ihren Lebensunterhalt verdienten sich die rund 200 Bewohner überwiegend mit Weinbau und Salmfang. Die Lachse wurden an Fangplätzen nahe der Loreley gefangen und waren von derart guter Qualität, dass sie ins Ausland verkauft wurden. Der Salmfang wurde über mehrere Jahrhunderte ausgeübt und kam erst durch die zunehmende Nutzung des Rheins durch Schiffe sowie erhöhte Wasserverschmutzung durch die Industrialisierung ins Stocken und wurde schließlich vor dem Zweiten Weltkrieg eingestellt.

Trotz der Privilegien entwickelte sich kein städtisches Leben. 1587 lebten in St. Goarshausen gerade einmal rund 210, 1635 während des Dreißigjährigen Krieges 250 Einwohner, von denen 178 der Pest zum Opfer fielen. 1816 fiel die Stadt dem neu gegründeten Herzogtum Nassau zu und wurde trotz immer noch geringer Bevölkerungszahlen zur Stadt und zum Amtssitz erklärt. Damit begann auch ein Wandel von der Fischer- und Winzerstadt zum Fremdenverkehrsort und zum Verwaltungszentrum. So waren alle Ämter des 1885 gebildeten Kreises St. Goarshausen hier angesiedelt. Erst mit der Verwaltungsreform von 1969 und dem damit verbundenen Zusammenschluss mit dem Unterlahnkreis gingen diese verloren. Auch heute liegt mit der Hauptattraktion Loreley der Fokus immer noch auf dem Fremdenverkehr.

♟ Burg Katz

Die Grafen von Katzenelnbogen fühlten sich durch den Bau der kurtrierischen Burg Thurnberg oberhalb von Wellmich bedroht und sahen sich veranlasst, in der Nähe eine eigene Burg zu errichten. Dies geschah in den Jahren 1360 bis 1371, als oberhalb von St. Goarshausen die Burg Neukatzenelnbogen entstand. Damit stellte sich das Grafengeschlecht trutzig dem Trierer Kurfürsten entgegen und bildete zugleich in Zusammenwirken mit ihrer auf der anderen Rheinseite vorhandenen Burg Rheinfels eine strategisch wichtige Verteidigungslinie ihres nördlichen Herrschaftsgebietes. Dem Volksmund war der Name der Burg zu lang und es entstand die auch von den Grafen akzeptierte Kurzform Burg Katz. Dies animierte sie zu der satirischen Verunglimpfung der kurfürstlichen Burg, die von ihnen fortan als Burg Maus bezeichnet wurde. Damit wollten sie ihrem Kontrahenten auch klarmachen, wer der Stärkere sei. Es sollte allerdings niemals zu einer militärischen Auseinandersetzung der nicht gerade freundschaftlich verbundenen Nachbarn kommen. Da es 1479 keine männlichen Nachfahren der Grafen mehr gab, gingen Titel und Ländereien durch Heirat an die Landgrafen von Hessen. Im 17. Jh. wechselten die Besitzer der Burg mehrfach, auch wegen Erbstreitigkeiten. Darüber hinaus wurde die Burg dabei teilweise zerstört, aber immer wieder aufgebaut und sogar verstärkt. Im 18. Jh. wurde die intakte Anlage während des Siebenjährigen Krieges von französischen Soldaten eingenommen und schließlich 1806 durch Napoleon gesprengt. Erst Ferdinand Berg, Landrat des Kreises St. Goarshausen, kaufte die Ruine 1896 und ließ sie als Wohnsitz neu aufbauen. Zwar entstand eine burgähnliche Anlage, jedoch wurde das historische Aussehen der Burg so gut wie gar nicht berücksichtigt. Nach der Machtübernahme der Nationalsozialisten war auf Burg Katz ab 1936 ein Schulungslager des Reichsarbeitsdienstes untergebracht. Nach dem Krieg dienten die Räumlichkeiten von 1948-1966 als Schul- und Unterkunftsgebäude eines privaten Internates. Danach wurde die Burg als Erholungseinrichtung des Sozialwerkes der Bundesfinanzverwaltung genutzt, bevor sie 1989 an einen japanischen Unternehmer verkauft wurde. Auch heute befindet sie sich noch in Privatbesitz und kann nicht besichtigt werden.

Etappe 3: Von St. Goarshausen nach Kaub

⮌ 14,6 km, ⧗ 4 Std., ⬆ 410 m, ⬇ 404 m, ⇧ 71-358 m

0,0 km	⇧	71 m	St. Goarshausen (Bahnhof) 🛈 🚆 🚌 🛌 🍽 ☕ 🛒 BANK 🍴 ✝ ♜
1,7 km	⇧	242 m	Patersberg (evangelische Kirche) 🚌 ✝
3,8 km	⇧	250 m	Heide 🚌 🛌
7,5 km	⇧	295 m	Bornich 🚌 🍴 ✝
11,3 km	⇧	341 m	Dörscheid (evangelische Kirche) 🚌 🛌 🍽 ✝
14,6 km	⇧	83 m	Kaub (Kirchplatz) 🛈 🚆 ⛴ 🚌 🛌 🏠 🍽 ☕ 🛒 BANK 🍴 ✝ ⌘ ♜

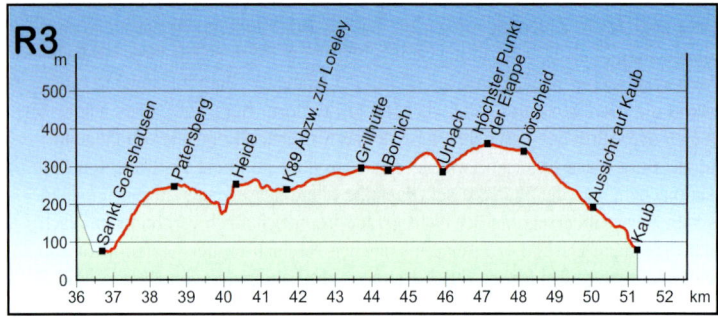

Der letzte Abschnitt des Rhein-Caminos ist eine kurze, vor allem zum Beginn aber auch fordernde Etappe. Sie bewältigen zunächst einen steilen Anstieg bis nach Patersberg. Danach geht es wieder abwärts, um dann nach Heide aufzusteigen. Anschließend laufen Sie entlang des Loreley-Plateaus über Bornich und Dörscheid, bis Sie durch Weinberge wandernd mit Kaub den letzten Etappenort erreichen. Von dort können Sie mit der Fähre auf die andere Rheinseite übersetzen und zum Linksrheinischen Jakobsweg gelangen.

Nutzen Sie vom Bahnhof aus die Unterführung unter den Gleisen und wenden Sie sich an deren Ausgang nach rechts auf einen kleinen Platz hinter dem Supermarkt. Begeben Sie sich dann nach links in die Einbahnstraße, die an einem Bruchsteinhaus entlangführt. An der folgenden Gabelung gehen Sie rechts aufwärts an einem Haus vorbei. Ab hier beginnt der Waldweg stetig anzusteigen und wird am Ende richtig steil. Wandern

Sie an den ersten Häusern von Patersberg (400 Ew., ⊟ 56348, 🚌 ♀) vorbei, überqueren Sie eine Kreuzung geradeaus in die Hauptstraße und folgen Sie dieser in Richtung Loreley bis zur ♀ evangelischen Kirche mitten im Ort. Die romanische Kirche, die vom Frühjahr bis zum Herbst täglich geöffnet ist, wurde wahrscheinlich in drei Phasen erbaut. Der Chor könnte im 10. bis 12. Jh., das Kirchenschiff im 12. Jh. und der Turm im 13. Jh. errichtet worden sein.

Laufen Sie weiter auf der Hauptstraße an einigen hübschen Fachwerkhäusern vorbei und überqueren Sie eine Kreuzung an deren Scheitel geradeaus, bis Sie auf die Straße Schöne Aussicht treffen und ihr nach rechts folgen. Diese durchwandern Sie bis zu ihrem Ende und an einer Gabelung halten Sie sich rechts. Anschließend biegen Sie nach links auf die K88 ab, die sich über 1 km und vier Haarnadelkurven ins Tal zur L338 abwärts schlängelt. Auch wenn diese Straße nicht sehr stark befahren ist, sollten Sie sich am linken Fahrbahnrand aufhalten und vor allem in den Kurven vorsichtig sein. Biegen Sie nach links auf die Landstraße ab – wiederum in Richtung Loreley – und achten Sie nach rund 100 m auf Höhe einer Mühle auf einen mit ein paar Treppenstufen und einem Holzgeländer versehenen Pfad, der auf der anderen Straßenseite nach oben in den Wald führt. Auf einer kurzen Strecke steigt der Weg jetzt bis zum St. Goarshausener Stadtteil Heide auf dem sogenannten Hühnerberg an. Zwischen zwei Häusern gelangen Sie an den Loreleyring und wenden sich dort nach links. Sie bleiben auf der leicht ansteigenden Straße, die Sie aus dem Stadtteil herausbringt.

Heide   ⊟ 56346, 🚌 🛏 ✕

🛏 ✕ Hotel Christian, Im Sonnern 1, 100 m vom Weg, ☎ 067 71/72 20,
       ✍ info@hotelchristian.de, 🖥 www.hotelchristian.de, EZ ab € 45, DZ ab € 78, inkl. Frühstück und Wanderproviant

🚶🚶   Nach ca. 300 m zweigt ein Weg gegenüber einer Ruhebank von der Straße nach rechts in den Wald ab und trifft auf einen Schotterweg, dem Sie nach links bis zur K89 folgen. Diese ist der Zubringer zum Loreley-Plateau, wo sich neben einem Aussichtspunkt auch das Besucherzentrum, die Freilichtbühne und eine Sommerrodelbahn befinden.

Loreley
Hierbei handelt es sich um einen 132 m hohen, in einer Rheinkurve steil aufragenden Schieferfels südlich von St. Goarshausen, der einst Lurleifels genannt wurde. Durch seine Lage und dem damit verbundenen Echo sowie den durch felsigen Untergrund im Rhein bestehenden Strömungen havarierten hier viele Schiffe, was eine umfangreiche Palette von Sagen und Mythen hervorbrachte.

Weltbekannt wurde die Loreley durch das Lied von Heinrich Heine (Text) und Friedrich Silcher (Musik): „Ich weiß nicht, was soll es bedeuten …"

Zunächst aber wurden Zwerge und Berggeister für das geheimnisvolle Echo verantwortlich gemacht, bevor mit der aufkommenden Rheinromantik zu Beginn des 19. Jh. Clemens Brentano in seiner Ballade „Zu Bacharach am Rheine" erstmals eine Frau mit dem Felsen in Verbindung brachte. Der Zauberin Lore Lay aus Bacharach verfielen alle Männer und sie wurde zum Gericht vor den Bischof gebracht. Dieser war jedoch selbst von ihrer Schönheit verblendet und konnte keine Schuld feststellen. Obwohl Lore selbst des Lebens überdrüssig war, weil sie von ihrem Geliebten verlassen worden war, entschied der Bischof, dass sie nunmehr in einem Kloster leben sollte. Auf dem Weg zum Kloster rang sie ihren drei Begleitern die Bitte ab, noch einmal vom Felsen auf den Rhein schauen zu dürfen. Dabei stürzte sie sich in die Tiefe und ihre Stimme wurde zum berühmten Loreley-Echo.

Diese erste Geschichte wurde binnen kürzester Zeit Bestandteil der Mythen- und Sagenwelt des Mittelrheintales. Weitere Dichter der Romantik fügten dem Loreley-Mythos ähnliche Erzählungen hinzu. Am bekanntesten dürfte die der blonden, langhaarigen Loreley sein, die auf dem Felsen sitzend ihr Haar kämmte und dabei mit einer lieblichen Melodie die Schiffleute ablenkte, sodass sie Opfer der Riffe und Untiefen des Flusses wurden.

🛈   Loreley Besucherzentrum, Auf der Loreley, 800 m vom Weg, ☎ 067 71/59 90 93,

      ✉ besucherzentrum@loreley-touristik.de, 🖳 www.loreley-besucherzentrum.de,

      🕙 Ende März-Ende Oktober täglich 10:00-17:00

Überqueren Sie nun die K89 und wandern Sie gegenüber geradewegs auf dem asphaltierten Wirtschaftsweg weiter, der Sie ca. 1,5 km am Waldrand entlangführt, bis Sie an der Landstraße einen einzelnen Baum erreichen. Hier biegen Sie nach rechts in Richtung Bornich-Leiselfeld ab, um am ersten Strommast auf der rechten Straßenseite links auf einem Feldweg in Richtung eines kleinen Wäldchens weiterzugehen. Davor befindet sich eine XXL-Relaxliege aus Holz und im Wäldchen eine Grillhütte. Laufen Sie links daran vorbei und halten Sie sich an der Gabelung erneut links. Der Schotterweg trifft auf eine Straße, an der Sie nach rechts auf einen Wiesenweg und kurz darauf noch einmal nach links auf einen geteerten Wirtschaftsweg abbiegen. Noch vor dem ersten Haus geht es an einem eingezäunten Grundstück rechts in einen Feldweg und dann über die Schulstraße nach Bornich (1.000 Ew., ⌨ 56348, 🚌 🍴 🚻). Diese wird zur Langgasse und schwenkt hinter dem Ende einer 30er-Zone leicht nach rechts. Nach ca. 200 m stößt von links die Rathausstraße hinzu.

✎ Von hier können Sie mit wenigen Schritten die ganzjährig geöffnete ✝ evangelische Kirche mit einem netten Rastplatz erreichen. Teile des Gotteshauses stammen aus dem 12. Jh. und es war ursprünglich als romanische Pfeilerbasilika erbaut. Im 16. Jh. erfolgte ein Neubau, im 18. Jh. wurden im barocken Stil eine Stuckdecke und eine hölzerne Empore eingebaut.

Folgen Sie der Langgasse noch ein paar Meter und gehen Sie anschließend rechts in die Kauber Straße bis zur Winzergenossenschaft Loreley-Bornich. Nutzen Sie ab hier den parallel verlaufenden, asphaltierten Wirtschaftsweg vor dem Genossenschaftsgebäude und biegen Sie danach links in die Straße Am Winzerkeller ab. Am Ende der Straße gehen Sie halb rechts auf einem Wiesenweg an Ackerland vorbei leicht aufwärts. Hinter einem in den Boden eingelassenen Kanalschacht geht es geradeaus weiter, bis Sie eine Schotterpiste kreuzen. Danach verlieren Sie wieder etwas an Höhe und tauchen in ein Waldstück ein. An der folgenden Gabelung laufen Sie links weiter, überqueren in einer Senke den Urbach und steigen erneut leicht an. Bald erreichen Sie einen Schotterweg, in den Sie nach links aufwärtsgehend einbiegen. Nach dem Verlassen des Waldes erreichen Sie einen Feldweg, dem Sie an den beiden nächsten Gabelungen geradeaus folgen. Hier befinden Sie sich wieder in einem landwirtschaftlichen Gebiet und überwinden den mit 358 m höchsten Punkt der heutigen Etappe. An einem einzelnen Kastanienbaum haben Sie wieder Asphalt unter den Füßen und bleiben auf diesem Weg, bis Sie die K99 erreichen. Hier biegen Sie nach rechts ab und sehen vor sich bereits das Örtchen Dörscheid (400 Ew., ✉ 56348, 🚌 🛏 ✕ ✝), das Sie am linken Rand der Fahrbahn erreichen.

Im Zentrum des Ortes passieren Sie die ✝ evangelische Pfarrkirche aus der ersten Hälfte des 14. Jh. und biegen vor einem Weingut nach links in die Kauber Straße ein, die letztendlich in der Nähe von einigen Kunstobjekten in einen Feldweg mündet. Hinter einer Infotafel biegt der Weg nach ein paar Schritten geradeaus halb links abwärts ab. An einer weiteren Infotafel zum Naturschutzgebiet Dörscheider Heide wird der Weg zu einem schmalen, mit felsigem Untergrund versehenen Pfad.

✋ Bei Feuchtigkeit kann der Pfad rutschig sein.

Es geht ein kurzes Stück durch Wald und das Naturschutzgebiet. Bleiben Sie immer auf dem geradeaus, aber stetig abwärtsführenden Weg.

▮ Von hier oben haben Sie einen wunderschönen Blick in das Rheintal.

An einer weiteren Informationstafel, an der Sie rechts weitergehen, wird der Weg wieder schmaler und führt Sie oberhalb eines Steilhanges zu Aussichtspunkten und schließlich zu einem asphaltierten Wirtschaftsweg in den Weinbergen.

Dort befindet sich eine überlebensgroße Holzfigur, daneben hängt ein Holzschränkchen. Darin bietet ein ortsansässiger Winzer vor-

Abwärts durch den Weinberg nach Kaub

beikommenden Wanderern zu kleinem Preis eine Probe seiner Erzeugnisse an.

🏠 Dazu gibt es kostenfrei einen wunderbaren Blick auf Kaub mit der ♟ Burg Pfalzgrafenstein mitten im Rhein.

Nun ist es nicht mehr weit bis zum Ziel. Pilgern Sie auf dem Weg durch den Weinberg weiter abwärts bis zu einer T-Kreuzung. Hier halten Sie sich rechts, an der folgenden Gabelung links und biegen hinter den letzten Weinstöcken nach links ab. Hier steigen Sie einige Treppenstufen herab, laufen am Leiterberger Turm aus dem 14. Jh. vorbei und erreichen die Blücherstraße in Kaub. An deren Ende befindet sich der Kirchplatz mit der ♟ Doppelkirche St. Nikolaus und St. Trinitatis, die den Endpunkt des Rhein-Caminos markiert.

Kaub

900 Ew., 📧 56349, 🚻 🚂 ⛴ 🚌 🛏 🏠 ✕ ☕ 🎐
BANK 🌸 📞 ♿ ♱ ✇ ♟

ℹ️ Tourist-Information, Schulstraße 12, ☎ 067 74/2 22, ✉ stadt.kaub@t-online.de, 🖥 www.kaubamrhein.de, 📱 Mo-Fr 9:00-12:00

🛏 ✕ Hotel Deutsches Haus, Schulstraße 1, ☎ 067 74/266,
✉ kirdorf@hotel-deutsches-haus-kaub.de,
🖥 www.hotel-deutsches-haus-kaub.de, EZ ab € 45, DZ ab € 70, inkl. Frühstück, 🐕

♦ Weingut Bahles, Bahnstraße 10, ☎ 067 74/258, ✉ info@weingut-bahles.de,
🖥 www.weingut-bahles.de, EZ ab € 55, DZ ab € 80, inkl. Frühstück

🏠 Rheinsteig-Jugendherberge, Zollstraße 46, ☎ 067 74/918 18 90,
✉ kaub@diejugendherbergen.de, 🖥 www.DieJugendherbergen.de, ab € 23,50
p. P., inkl. Frühstück

Eine erste Erwähnung von Kaub erfolgte mit der Bezeichnung „cuba villula" in einer Schenkungsurkunde von Kaiser Otto II. an den Mainzer Erzbischof Willigis aus dem Jahr 983. Fundstücke aus Grabungen haben jedoch gezeigt, dass das Gebiet schon um 500 v. Chr. besiedelt gewesen sein muss. Die Herkunft des Namens ist nicht gesichert, es gibt verschiedenste Theorien. Neben keltischen oder lateinischen Ursprüngen existiert auch eine Legende über den Mainzer Bischof Theonest. Demnach soll dieser zu Beginn des 5. Jh. gesteinigt und in einem löchrigen Fass (= cupa) in den Rhein gestoßen worden sein, das schließlich in Kaub strandete. Der Ortsname änderte sich im Laufe der Jahrhunderte oftmals. Ab dem 16. Jh. war Caub geläufig, erst seit 1935 wird die heutige Schreibweise „Kaub" verwendet.

Um 1220 wurde oberhalb von Kaub die heute in Privatbesitz befindliche Burg Cube (heute Gutenfels) errichtet und von den Herren von Falkenstein dem Pfalzgrafen bei Rhein zum Lehen gegeben und später auch verkauft. Mitte des 13. Jh. muss bereits Zoll erhoben worden sein, denn das Kloster Eberbach erhielt von den Falkensteinern urkundlich die Zollfreiheit zugesichert. Pfalzgraf Ludwig IV., zugleich deutscher König, verlieh dem Ort 1324 die Stadtrechte und ließ zur Sicherung des Rheinzolls zunächst einen Zollturm auf einer Rheininsel erbauen, der später zur Burg Pfalzgrafenstein erweitert wurde.

Im Laufe der Zeit wurde Kaub immer bedeutender. Der Weinanbau und der Abbau von Dachschiefer blühten auf, eine Münze nahm den Betrieb auf, Rheinlotsen wurden in Kaub ansässig und ab 1477 gab es eine eigene Schule. Im bayerisch-pfälzischen Erbfolgekrieg 1504 wurde die Stadt von hessischen Truppen belagert, trotzte aber 830 gusseisernen und 900 steinernen Kugeln und blieb damit pfälzisch. In der Stadt lebten im ausgehenden 16. Jh. 90 Bürger, während die wahrscheinlich wesentlich höhere Anzahl der Menschen des einfachen Volkes nicht überliefert ist. Der Dreißigjährige Krieg im 17. Jh. bescherte Kaub mit Truppendurchzügen, einem Großbrand und zwei Pestepedemien mit insgesamt 79 Toten mehrere Katastrophen und einen Schwund der Einwohnerzahl auf 198 Personen. Es folgte die Auflösung der Kurpfalz und die Eingliederung in das Herzogtum Nassau und danach Preußen.

Nach dem Ersten Weltkrieg war Kaub Bestandteil eines Kuriosums. Von den Amerikanern in Koblenz und von den Franzosen in Mainz wurden 1919 halbkreisförmige Brückenköpfe eingerichtet. Diese überlappten sich aber nicht vollständig und ließen einen freien, flaschenhalsförmigen Freiraum, in dem sich Kaub befand. Dieser Raum entwickelte sich alsbald zu einem eigenen Staatsgebilde – dem sogenannten Freistaat Flaschenhals. Obwohl es eine eigene Währung gab, war der Freistaat in seiner wirtschaftlichen Existenz auch

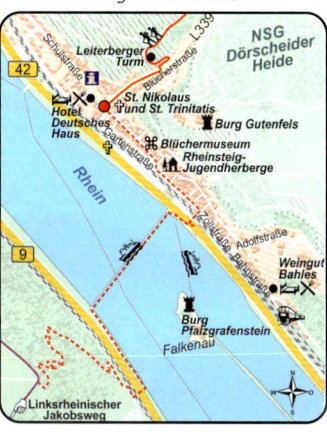

Weg durch Kaub

durch fehlende Infrastruktur sehr eingeschränkt, sodass der Waren- und Postverkehr überwiegend auf Schmugglerpfaden abgewickelt wurde. Schon im Februar 1923 marschierten französische und marokkanische Truppen ein, die aber im Folgejahr wieder abziehen mussten. Das Gebiet wurde Teil der Weimarer Republik. Noch heute wird der Freistaat Flaschenhals zu touristischen Zwecken genutzt.

Nach dem Zweiten Weltkrieg war die Region wieder einmal von Franzosen besetzt und wurde daher später Rheinland-Pfalz zugeschlagen. In den 1970er-Jahren erlebte Kaub den Verlust jahrhundertealter Einnahmequellen. Der Lotsendienst war durch den Ausbau des Rheins nicht mehr gefragt, die letzte Schiefergrube schloss 1972 und auch die Weinbaufläche reduzierte sich dramatisch. Heute zieht das Städtchen mit seinem Charme und seiner Geschichte noch zahlreiche Touristen und Wanderer an.

✠ Doppelkirche St. Nikolaus und St. Trinitatis

In Kaub können Sie die kirchenbauliche Besonderheit einer Doppelkirche bestaunen. Darunter versteht man ein Gebäude, das mit zwei Kirchenschiffen versehen ist und von verschiedenen Konfessionen zum Gottesdienst genutzt wird. Die ursprüngliche Kirche entstammt dem 12. Jh. Der fünfgeschossige Kirchturm wurde in der ersten Hälfte des 13. Jh. errichtet und war Bestandteil der mittelalterlichen Stadtbefestigung. Mit Einführung der Reformation wurden ab 1560 nur noch protestantische Gottesdienste gefeiert. Nach erneuter Gründung einer katholischen Gemeinde im späten 17. Jh. nutzten beide Gemeinden das

Gotteshaus für einen Zeitraum von 20 Jahren als Simultankirche. 1707 wurde der Chorbogen zugemauert und es entstanden zwei voneinander unabhängige Kirchenräume – links die katholische Kirche St. Nikolaus im Chor und rechts die evangelische Kirche St. Trinitatis im Langhaus. Der Chor wurde 1772 abgerissen und schaffte Platz für eine neue Kirche im Stil des Spätrokokos. Der Chorraum der neuen Kirche wurde Mitte des 20. Jh. noch einmal erneuert.

♜ Burg Pfalzgrafenstein

Burg Pfalzgrafenstein

Im ausgehenden 13. Jh. wurde Kaub samt Burg Gutenfels und den zugehörigen Zollrechten an Pfalzgraf Ludwig II. aus dem Hause Wittelsbach verkauft und kam somit nach dessen Tod an seine Söhne Rudolf I. und Ludwig IV., dem späteren deutschen König und Kaiser.

Der Bau der Burganlage mitten im Rhein hatte seine Ursache in Streitigkeiten um Zolleinkünfte zwischen dem Papst und Ludwig IV., der diese nicht an den Klerus abführte, sondern selbst vereinnahmte. Nachdem er 1324 mit dem Kirchenbann belegt wurde, ließ er drei Jahre später auf der Rheininsel einen fünfeckigen Turm zur Sicherung des Rheinzolls bauen. Obwohl der Papst die Erzbischöfe von Köln, Mainz und Trier aufforderte, den Zollturm zu zerstören und den Zoll selbst zu beseitigen, erfolgte sogar eine Erweiterung der Anlage mit einer zusätzlichen, 12 m hohen Ringmauer. Nachdem der inzwischen zum König gekrönte Ludwig die Zollburg an seine Verwandten übergeben hatte, errichteten diese in Kaub einen ewigen Burgfrieden, einschließlich der in der Urkunde über die Übergabe erstmals sogenannten Burg Pfallentzgrafenstein. Zu Beginn des 17. Jh. wurde die Burg noch einmal erweitert und verstärkt. Der barocke Turmhelm wurde erst 1714 aufgesetzt. Auch nach dem Übergang an das Herzogtum Nassau und Preußen diente die Burg bis 1876 als Zollstation. Nach dem Zweiten Weltkrieg ging sie in den Besitz des Landes Rheinland-Pfalz über und wurde als Signalstation für die Rheinschifffahrt umfunktioniert. Im Rahmen einer umfassenden Restaurierung im Jahr 2007 wurde der historische Farbanstrich wiederhergestellt. Heute steht die einmalige Rheinburg dem Besucherverkehr zur Besichtigung zur Verfügung. Zur Überfahrt gibt es eine halbstündlich bzw. von November bis zum Beginn der Osterferien nur stündlich verkehrende 🛳 Personenfähre, die passend zu den Öffnungszeiten der Burg fährt.

♦   🛎 Burg: 1. Februar-14. März und November Sa, So, FT 10:00-17:00, 15. März-31. Oktober Di-So, FT 10:00-18:00, Eintritt € 4 oder als Kombiticket inkl. Fähre und Blüchermuseum € 9,50 p. P.

⌘ Blüchermuseum

Das Museum ist dem preußischen Generalfeldmarschall Gebhard von Blücher gewidmet, der sich während der Befreiungskriege gegen den französischen Kaiser Napoleon Bonaparte verdient gemacht hat. Es ist im ehemaligen Gasthaus Zur Stadt Mannheim untergebracht, dem damaligen Hauptquartier Blüchers. Neben der Vorstellung der damaligen Zeit steht der Rheinübergang im Mittelpunkt. Unter dem Befehl Blüchers überquerte die Schlesische Armee nach der Völkerschlacht bei Leipzig mit einer Stärke von 50.000 Soldaten, 15.000 Pferden und 182 Geschützen zum Jahreswechsel 1813/14 innerhalb von fünf Tagen bei Kaub den Rhein. Im weiteren Verlauf drängte Blücher die französische Armee trotz einiger empfindlicher Niederlagen weiter zurück und nahm schließlich im März 1814 Paris ein. Ein Jahr später griff er mit dem preußischen Heer entscheidend in die Schlacht bei Waterloo ein, wo Napoleon endgültig besiegt wurde.

⌘   Blüchermuseum, Metzgergasse 6, ☎ 067 74/400,
      ✉ bluechermuseum-kaub@t-online.de, 🖥 www.bluechermuseum-kaub.de,
      🛎 April-Oktober Di-So 11:00-17:00, Eintritt € 5 oder als Kombiticket inkl. Fähre und Burg Pfalzgrafenstein € 9,50 p. P.

☺   Haben Sie vor, von Kaub aus auf dem Linksrheinischen Jakobsweg (📖 OutdoorHandbuch Band 278, ISBN 978-3-86686-464-1) weiterzupilgern, dann empfiehlt es sich, die 🛳 Fähre zur anderen Rheinseite nach Engelsburg zu nehmen (🛎 April-September Mo-Sa 6:00-20:00, So, FT 8:00-20:00, Oktober-März Mo-Fr 6:00-19:00, Sa 7:00-19:00, So, FT 8:00-19:00, € 1,80 p. P.). Vom Haus Engelsburg führt ein Weg in Serpentinen aufwärts, der nach ca. 1,8 km auf den Linksrheinischen Jakobsweg trifft.

Gedenkstein Erzbischof Balduin von Luxemburg (Etappe 4)

Index